쓸데없이 눈부신 게 세상에는 있어요
안도현 시집

문학동네시인선 244 안도현
쓸데없이 눈부신 게 세상에는 있어요

시인의 말

꽃밭을 만들 궁리를 하며
꽃나무와 돌을 구하러 다녔다.
봄이 다 지나갔다.

그럼에도 은유와의 헐거,
그나마 얼마나 다행이냐.

2025년 11월
안도현

차례

시인의 말   005

1부 자꾸 물어도 좋은 질문

연못 위에 쓰다   012
유리 상자   014
통각(痛覺)   016
순간 정지   018
맨발   021
모래무덤   022
연민   024
마음에 대하여   026
배를 매어두는 일   028
너에게로 망명을 가고 싶은 날   030
북천   032
무릉도원에서 보낸 한철   034
배추의 깊이   036
흰목물떼새   037
산책   038
사랑가   040
간단하고 명료한   042

2부 꽃들의 키를 높이는 일, 그거

새를 기다리며	046
장닭	048
벌에 쏘인 이야기	050
3월에서 5월까지	052
물소리를 필사하다	054
꽃밭을 한 뼘쯤 돋우는 일을	058
북문	060
북촌	062
안부	065
유산가(遊山歌)	066
귀룽나무꽃 그늘에서	068
덧없는 감정	070
나는 모르고	072
세워둔 연못	073
손톱	074
그늘의 재봉	076
열무씨 이천원어치에 대하여	077
풀 뽑는 사람	078

3부 겨울은 길고 가창오리떼는 단순하지 않다

구절초	084
모란꽃	085
붉은병꽃나무	086
수학 공부	087
여우와 함께 산책을	088
고평역	090
밤눈	093
물음과 무덤	094
아버지가 마당에서 싸리비로 눈 쓰는 소리	097
물통	098
죽변항	099
북행	102
검은 비닐봉지에 대하여	104
분홍의 방출	106
역무원	108
계산	110
눈꼽째기창에 대하여	112
먼 데	115

4부 자작나무들은 먼 북쪽을 가리켰다

북산 118
북당 120
꽃씨와 나 122
별서(別墅) 124
내성천 흰목물떼새 부부에 대하여 125
멀구슬나무의 이사 126
운포구곡가(雲浦九曲歌) 129
뒷목덜미―황재형 선생님께 132
적막강산―이동순의 『강제이주열차』를 읽고 134
북벌 138
서릿고기 140
화성 서쪽 142
상심 146
빵 굽는 여자 148
거의 없는 아저씨 150
잔설 152
산다경(山茶徑) 159
어떻게 세계를 구할 것인가 160

발문 | 첩첩(疊疊) 165
   | 김민정(시인)

1부
자꾸 물어도 좋은 질문

연못 위에 쓰다

당신을 병상에 버리고 당신은 유리창 너머로 저를 버리고

저는 밤마다 아무도 읽지 않을 이야기를 썼죠

마당가에 연못을 들였고요
당신이 꽃의 모가지를 따서 한 홉쯤 말려 소포로 보내주신다면 꽃잎을 물위에 뿌려놓고 물속으로 가라앉을 때까지 바라보려 했죠

당신은 오래 죽은 척 가만히 누워 있었죠
발톱을 깎아달라는 청을 들어주지 못했어요

연못가에 앉아 제 발등을 바라보는 동안
풀이 시들고 바람이 사나워지고 골짜기 안쪽에서 눈이 몰려왔어요
당신의 장롱과 당신의 옷을 분리하고 당신의 부엌에서 당신의 수저를 떼어내고 면사무소에 가서 이름을 지웠어요

저는 이제 물위를 걸을 수 있게 되었어요
문법을 잊고 마음껏 미끄러질 수 있게 되었어요
쨍한 코끝으로 연못 위에 문장을 쓸 수 있게 되었어요

당신이 자신을 결박하고 돌아누워

얼음장을 깔아준 덕분이죠
그 누구도 기억해주지 않아서 좋은 단어들
의미 없이 녹아버릴 돌멩이들

연못을 덮은 얼음장 위에 얼음장을 덮은 눈 위에

유리 상자

유리 상자 안에 그녀가 담겨 있었다
밤의 요양병원을 홑이불로 뒤집어 덮고

틀니를 빼고 있었는데 입술을 오물거렸다

우리가 그녀를 위해 상자 바깥에 있는지
우리를 위해 그녀가 상자 안에 있는지
그녀가 울고 있는지 우리가 울고 있는지
우리는 알지 못했다

우리가 그녀에게서 빠져나온 이후
그녀는 작아지고 있었다

이 세상의 바깥에 우리를 던져두고
그녀는 밥솥에 쌀을 안치지도 않았고
고등어를 굽지도 않았으며
무생채 무치는 일도 잊어버리고

우리는 화가 나서 마스크를 쓰고 거세게 항의하였다
입술을 숨기고 말을 했고 콧등을 감추고
숨을 쉬며 살아 있다는 걸 보여주지 않았다

우리는 유리 상자에서 그녀를 꺼내지 못했다

유리 상자에서 꺼내는 방법은 해머를 한 자루 가지고 와
상자를 때려 부수는 것밖에 없었다
통증 하나 없는 유리벽이 부스러져내릴 때까지

흘러내리지 못하고 그녀의 아랫배에 고인 몸
아랫배의 튼살이 파문처럼 번지고 있다
아들아, 시간 나거든 매화 가지 하나 꺾어오너라
창가에 두고 꽃망울 몽실몽실 맺힌 거 보다 죽을란다
그녀가 부탁했던가 그런 말 하지 않았던가

통각(痛覺)

개복숭아나무는 행색이 초라해서 처마 아래 들지 못하였다
못에 찔린 가지마다 꽃이 필 것이다 눈보라가 다녀가며 수차례 분홍의 안부를 물었던 부위다

한천사(寒天寺) 철불은 손수 광배와 대좌를 치우고 앉아 있었다
왼쪽 어깨를 감고 내리는 옷자락 만져보고 싶어서
불경스러운 일에 마음이 끌려서

꽃을 든 부처를 보고 나는 웃었다

경전을 읽으면 눈알이 뽑혔고, 경전을 입에 올리면 혀가 뽑혔고, 경전을 손에 잡으면 손목이 잘렸고, 경전이 마르는 냄새를 맡으면 코가 잘렸다, 했지마는
성스러운 기둥을 비천하게 어루만지는 눈보라

나는 겨우 방아깨비의 더듬이를 당겨 지팡이로 쓰거나
고양이의 수염을 뽑아 빗자루를 만들 수 없나 궁리했을 뿐
그 빗자루로 내 발자국 지우지 않았다

바짓단을 털었더니
내가 걸어다닌 길들이 쏟아져내린다

유리창에 부딪혀 드러누운 눈송이의 날갯죽지 아래
손끝이 시큰거리던 기억, 나는 따뜻하지 않은 뜨뜻한 종말을 만졌던 거다

돌 주우러 골짜기에 들었을 때에도
돌들이 이 세상 아픈 데를 꾹꾹 누르며 문지르고 있는 것
나만 몰랐다, 한 뼘 남짓 평평한 돌을 들어올릴 때마다
돌 밑의 검은 흙이 울던 것을

한 땀 한 땀 바늘자국을 내며
기러기는 이불을 꿰매고 있는 거다

순간 정지

고라니가
하는 일 중에 제일 장한 일은
새끼들 물을 먹이려고 물가로 데리고 가서
혓바닥으로 물을 감아올리는 소리에 귀를 기울이는 것이지마는

나는 발소리 감추려고 양말을 신고 걷다가
강가에 이르러 숨을 멈추었지요

얼음장 밑을 통과한 물이
목구멍을 넘어가면서 뜨거워지고 있을 때
고함을 지르거나
돌멩이를 던지거나
간섭할 수도 있었으나

모르는 사이 나를 바라보는 것들에 대하여
내 뒤통수에 난 뿔에 대하여 생각해보았지요

숲에 덫을 놓았던 걸 나는 잊어버렸고
덫이 몰래 기다리던 발목들은
강물의 옷고름처럼 가지런하게 서서 물을 마시고 있었어요

가늘고 연약한 것들을 위해

감자밭에 나가 괭이로 북을 돋워주고, 오이 덩굴의 허리를 받쳐주었으나
　나는 정말 약한 것들의 편에 서서 노래를 불렀을까 싶은 거예요
　숨을 내쉬는 솜털을
　감자 뿌리가 움켜쥔 주먹을
　오이꽃의 첫 키스를

　어떤 높고 차가운 정신이
　풀숲에 숨은 덫에게 발끝을 내미는 결례를
　범하지 않는다는 거, 알면서도
　숨죽여 흐르다 함몰된 웅덩이처럼 나는 정지해 있었어요

　고라니 발자국 속에 들어와 사는 발자국을
　모래벌판은 지우지 않았지요
　뒤에 오게 될 발자국들을 생각한 거지요

　그 어느 봄날 고라니가
　왕벚나무에 제 허리 비벼대는 걸 보았다는 이야기도 들었지마는
　나는 새끼를 낳을 때인가 했어요
　나무의 몸이 부풀어오르는 걸 알지 못하고

왕벚나무가 떨어뜨려주는 꽃을
고라니가 주워먹는 건 보지도 못했지마는

맨발

발바닥을 간질이는 모래알들의, 그, 애무를 느끼며 걷네 몸의 가장 아래쪽이, 오래 잊고 살았던 발밑이 환해지네

맨발로 당신을 사모한다고 말해본 적이 없었네

물이 들춰낸 모래톱의 까마득한 면적을 따라 걷네 냇물이 보자기를 펼쳐놓은 것 같아요 당신의 발등은 사라졌다가 나타나며 깜박거리네

버드나무 아래 벗어놓은 구두의 안부는 궁금하지 않고, 비가 새던 지붕 위를 걷네 섬과 섬 사이를 걷네 늑대의 손을 잡고 빙하 위를 걷네

그리고 바지를 걷고 물속으로 들어가네 좋아? 물속의 새 떼들이 천천히 우리를 통과해 물소리가 되네 좋아요? 자꾸 물어도 좋은 질문이 세상에는 많네

나는 이불 속 당신의 맨발을 감싸쥐었다가 놓았다가 하네

모래무덤

우리가 몸을 섞을 때 정말 짜릿했지
너는 자주 나의 가슴 위로 스르르 미끄러졌어

냇물이 모래톱에 글자를 적다가 떠나면
냇물이 만든 문장을 해가 질 때까지 읽었고

너를 만나면 너를 위하여
발목과 무릎을 떼어내고 나는
허벅지까지 서늘하게 도려냈지, 그때
부드러운 살을 열어주던 너는
들어가기 딱 좋은 무덤이었지

냇가에서 흰목물떼새의 발자국을 따라가지 못하고……

대처에서 밥을 먹고 술을 마시고 아이를 낳았지
날개와 날개가 맞닿는 순간의 온도를 체크하고
별안간의 이별과 망각의 농도를 예측하면서

억새와 갈대와 달뿌리풀과 버드나무가 이주해왔다더군
그들이 몸속에 이상한 정부를 세웠던 거야 너나 나나 어제
보다 오늘이 극한상황이라는 거 몰랐어, 정말

너를 만지는 내 손, 이게 도무지 뭐냔 말이다

눈송이를 받을 줄 아는 손바닥이 있어도
허공이 헐거워져 눈이 내리지 않는 겨울,
눈 내리는 소리를 듣고 싶은 귀를 가졌어도
너의 메마른 숨소리 귓가에 쌓이지 않는

모래 속에 몸을 묻을 때
그때 내 무덤까지의 거리를 생각해봐도 좋았으련만
 삼겹살을 굽는 일도 싫증이 날 때쯤 술잔을 버리고 새 발
자국이 끝나는 곳에 주저앉아 있어봐도 좋았으련만

자갈은 언제 냇물의 겨드랑이를 간질이며 잘게 부서지나
나는 어느 때쯤 물소리를 팔아 거창하게 한몫 벌게 되나

연민

연못 위에 눈이 내렸다
연못은 죽은 사람인 척 흰 천을 머리끝까지
끌어 덮어쓰고 연못이 아닌 척 눈을 감고 있었다

겨우 살얼음을 깔고 있는 주제에
소양강댐도 아니고 손바닥만한 연못 따위가
죽은 척하다니

나는 돌 하나를 주워 연못에 던지면서
교미하기 싫을 때 사지를 뻗고 죽은 척한다는
개구리처럼 연못도
엄살을 부리고 있는 거라 생각했다

연못은 맛있게 돌을 삼키고는
다시 죽었다

아무 일도 일어나지 않아서
며칠 동안 또 눈이 내렸다
연못의 숨소리가 들리지 않아도 눈이 내렸고
노랑어리연꽃의 발목이 물속에서 배리배리하게 얼어붙어도
눈이 내렸다

연못의 맥을 짚을 수 없고
연못을 구해줄 밧줄도 없고
연못을 흔들어 깨울 자신도 없는
내가 죽어도 연못에는 눈이 내릴 것이었다

이 세상에서 할 수 있는 일이
아무것도 없다고 생각하니 정말 무척이나 편안해졌다

연못도 나처럼 편안하게 죽어 있다고 생각하고
어느 날 나는 연못으로 걸어들어갔다
그리고 백지 위에 한 줄을 썼다
아무짝에도 쓸모없는 말을 쓰고 나니
나는 더 편안해졌다

나는 가까스로 죽은 연못 위에 제대로
돌 하나를 던져봐야겠다고 생각한다
얼음장을 깨뜨릴 수도 없고
연못 바닥까지 내려갈 수도 없는
그 어떤 무게도 없는 돌 하나를

마음에 대하여

　마음이란 게 있어서 마음이 발 달린 짐승처럼 움직일 수 있는 것이라면 그 마음이 굴러가다가 제일 나중에 가닿고 싶은 그곳을 마음의 처소라고 부르자 더이상 갈 데도 없고 해야 할 말도 없는 마음이 앞에 앉은 여자의 손목을 물끄러미 바라보는 자리, 성스러운 것도 속된 것도 없는 마음이 발소리 죽이고 어깨를 낮추고 빈 술잔에 입술을 댔다 뗐다 하는 자리, 이어지지 않았지만 끊긴 것도 없고 풀어놓지 않았지만 묶어놓은 것도 없는 논바닥의 지푸라기 같은 심정을 마음이라고 부르자 볕 잘 드는 오후쯤에는 마른 들깻대를 털다가 들깨꽃이 앉았다 간 자리마다 셋방을 놓을 수 없을까를 생각하고 그 셋방 얻으러 오는 마음에게 셋방 내주는 마음으로 술 마시고 싶은 자 술 마시게 하고 울고 싶은 자 울게 하고 인생 탕진하고 싶은 자 탕진하게 방치한들 어떠리 여기에도 마음이 있고 저기에도 마음이 있는 것이라면 좋아하는 사람을 더 좋아하는 마음이나 미워하는 사람을 좋아하려고 애쓰는 마음이나 매한가지일 것이니 창틈에서 손을 빼지 못하는 바람의 마음이나 그늘을 벗어나지 못하는 이끼의 마음이나 바위 속에 식솔들 재워두고 세상 구경 나온 마애불의 마음이나 대처나, 안팎이 없으리 꽃에 손을 대면 그때부터 꽃을 보고 싶은 마음이 사라지고 밥을 입에 대면 그때부터 밥을 먹고 싶은 마음이 사라지는 것처럼 마음이여, 가까이 닿으면 금세 사라지는 방아깨비 다리여 멀리 멀어지면 이마로 들이받고 싶은 천둥소리여, 너나 나나 마음이 편지가 아니니 전하려고 하지 말고 마음이 연못이 아니니 담으려고 하지 말고 마음이 보자기가 아니니 펼치려고 하지 말고 마음이 칼이 아니니 새기려고 하지 말 일이다 빨랫줄을 받치고 선 바지랑대의 마음이나 빨랫줄에 몸을 걸친 빨래의 마음이나 다 잇대어 있고 겹쳐 있는 것을 세상 한 바퀴 휘 돌아와 가까스로 알아채는 날이 오면 그 어떤 의도도 목적도 없이 마주앉아 한끼 밥을 먹어도 좋으리, 그 어떤 계획도 행선지도 없이 지갑도 카드도 없이 길을 나서는 궁리를 해봐도 좋으리

배를 매어두는 일

뱃줄을 팽나무 허리에 묶고 배를 하룻밤 해변에 재우는 일

그러고 나서 나는 배를 잊었다 나무상자처럼 삐걱거리는 방에 담겨 나하고 배하고의 캄캄한 거리를 생각해보다가, 나는 한낱 배를 부리는 선부(船夫)였다는 사실을 알게 되었다
타고 온 배를 팽나무에게 맡기고
뱃머리가 육지의 가슴팍에 이마를 문지르도록 놔두고

물결을 결박하는 일

맨몸으로 배를 당겨 끌어올리는 일

그 어느 것도 혼자 유순하게 해결하지 못했다 누군가 왜 그랬느냐고 물으면 바다가 딱딱해서 그랬다고 말할지도 모른다 밀착하면서 집착하지 않으려고 무던히 수평선을 그어놓고 국경을 넘지 않았다고

기껏해야 나는 나무로 짠 관에 혼자 올라앉아 있었던 것이다
죽음을 밟고 바닷속의 죽음을 골라내거나 시장에 죽은 물고기를 내다팔면서 말이다

뱃줄을 몸에 감고 팽나무는 밤새 허리께가 쓰려서 울 것
이다

　팽팽하게 배를 당겼다가 무심하게 풀어주었다가 뱃줄은
바다의 브로커처럼 거들먹거릴 것이고

　해변이 눈꺼풀을 끔벅거리겠지
　눈발이 쏟아지면서 흰 그물을 세상에 던지는 밤

너에게로 망명을 가고 싶은 날

들뜨게 하는 것을 찐빵이라고 하자
떨어지지 않는 것을 감태나무라고 하고
녹지 않는 것을 치욕이라고 하자

불꽃이 튀는 철공소 앞을 지나갈 때
서로가 서로를 잇는 일이라면
강철과 강철을 이으려고 용접하는 일을
강철이 강철에게 망명하는 일이라고 하자

앞산에 진달래가 문드러질 때
앞산 진달래가 뒷산 진달래에게 건너가고 싶은
그 순간을 정치라고 하자

찔레꽃을 손목시계라고 하자
흰목물떼새를 멸종이라고 하자
소나기를 흔들어 깨워 너에게 가고 싶을 때

바퀴 자국 하나 찍지 않고 파도가 세계를 건너올 때
화물 트럭이라고 하자
자신을 해안에 결박한 포구를
트럭 운전사라고 하자
탱탱해졌다고 우는 탱자를 섬광이라고 하자
까매졌다고 깍깍대는 까마귀를 봄날이라고 하자

미쳐 날뛰는 것을 침묵이라고 하자
가보지 못한 것을 여행이라고 하고
깨뜨리지 못한 것을 연애라고 하자

북천

경남 하동에도 있는 북천 경북 상주에도 있는 북천 강원도 고성에도 있는 북천
지명에도 있고 하천명에도 있고 간이역 이름에도 이대흠의 시에도 스님 법명에도 있는 북천

북천의 뒷산 꼭대기에는 만년설이 살고 사시사철 크리스마스캐럴 음반이 출시되고 아이스크림 장사보다 참나무 장작 장사가 더 잘될 것 같은 북천 청둥오리떼를 잡아 연탄불 위에 굽는 저녁이 왁자할 것 같고 큰 강의 얼음장은 국어대사전보다 두꺼울 것 같고 이런 추측은 북천이니까 가능할 것 같고

꽁꽁 얼어붙은 북천에는 투기꾼들이 묵을 여관이 없고 고층 아파트를 짓지 않으니 은행에 대출하러 갈 일이 없고 은행원 앞에 다소곳이 앉아 있을 필요가 없고 연대보증 부탁할 시간에 처마끝 고드름을 따먹을 수 있어 좋고 고드름 고드름 수정 고드름 동요를 부를 수 있어 좋고 북천의 언덕에서는 마을의 지붕이 손바닥 안의 스마트폰처럼 다 보이고

북천 주변의 산골짜기에는 자작나무가 살고 산꼭대기에도 자작나무가 살고 고갯마루에도 자작나무가 살고 경사지에도 자작나무가 살고 산속의 화전민도 자작나무를 때고 산속의 사찰에서도 자작나무를 때고 일 년에 딱 한 번 초파일

에 절에 가는 여자가 사는 집에서도 자작나무를 땐다

 온천을 좋아하는 사람은 북천에 노천탕이 있나 생각할 것이고 삼복염천을 끔찍이 싫어하는 사람은 북천의 마구간에도 에어컨이 들어오나 걱정할 것이고 천상병의 시를 읽어본 사람은 북천이 소풍 가는 곳인 줄 착각할 것이고 부천에 사는 사람은 부천에 왜 기역자가 하나 더 붙었지 하며 의아해할 것이고

 나는 북천에서 태어나보지 못한 사람 북천에 나가 빨래를 해보지 않은 사람 나는 그럼에도 친절해져서 북천의 스피커처럼 말한다

 북천은 바로 거기에 있어요 북천은 손 뻗으면 닿는 거기에 있어요 북천은 만질 수는 없지만 보이는 곳에 있어요 북천을 가지고 갈 수도 없고 쌓아둘 수도 없지만 북천은 부서지지 않고 흘러내리지 않고 물렁거리지 않고 뜨겁지도 차갑지도 않아요 북천은 비누처럼 미끌거리고 대파처럼 맵싸하고 비스킷처럼 바삭거려요 이 의미 없이 좋은 북천

무릉도원에서 보낸 한철

복사꽃이 숭얼숭얼 피었다

나비가 꽃이 몇이나 달렸나 헤아리러 왔다
나는 꽃의 개수 따위 헤아릴 형편이 못 된다고 말해놓고

복숭아나무, 정확하게 말하면 개복숭아나무 앞에서
발톱이 없고 꼬리를 흔들지 않고 짖지 않는 나무 앞에서

결곡한 꽃잎의 테두리에 입술을 대보다가
난세에 복에 겨운 짓이라 한순간 숨이 찼다

간장을 달일 때가 되었다고 재 너머에서 두 분이 오셔서
도루코 칼로 꽃잎을 오려붙인 것 같다고 말했다
가마솥 아궁이에 불을 지펴놓고
간장은 안중에 없고 노인들은
복숭아나무 잎사귀처럼 자분거리고 있었다

나무에 꽃을 붙였다가 떼어내는 기술을 나는 생각하고
춘궁을 면했으나 혁명은 잊어먹은 나의 치졸을 또 생각하고

일제히 나를 잠근 단추들이 후드득 터지는 소리

복숭아나무 허벅지 아래로
시냇물이나 한줄기 끌고 와도 좋을 봄날이다
살다가 누가 먼저 냇물에 투신하는지
복사꽃이여, 너하고 내기를 해봐도 좋을 봄날이다
꽃의 멱살을 잡고
언제까지 이러고 살 거냐고 대들어봐도 좋을 봄날이다

배추의 깊이

배추 밑동을 자른다

단숨에 칼이 지나간 자리
한없이 하얗고 푸르고 넓고 깊다

투명한 종지에 물 떠다놓았으니
딱새야, 목이라도 축이고 가거라

배추를 두세 포기 안고
배추가 앉아 있던 자리 본다

서리 맞으며 옹송그리고 울음을 숨긴 자리

배추밭에서 나는 극빈의 배추꼬랑이처럼

흰목물떼새

눈이 게으른 새떼처럼 오고 있다

나는 돌배나무 아래 들어 천지에 꽃망울 뒤척이는 소리를 듣는다

아무에게도 전화하지 않고 손으로 눈을 받았다고 쓴다, 손금이 눈송이를 튕겨올렸다고 쓴다

냇가에 사는 흰목물떼새가 마당 안까지 냇물을 끌고 왔다 새는 목덜미가 하얘질 때까지 울었는데 울음소리가 가볍다

새야, 구절초 씨앗 뿌려놓은 꽃밭은 기웃거리지 말아라 씨앗을 다 쪼아먹으면 나는 내후년 가을에 어떡하노?

나는 쓸모없는 걱정을 하다가 가장 쓸모없는 일이 가장 귀한 일이라는 생각도 한다

땅에 떨어진 깃털이 새의 윤곽이라는 말을 들었다, 라고 쓴다

산책

두 귀를 쫑긋 세운 고라니 발자국과 함께 걷는다

고라니는 강물 먹으러 물가로 내려왔다가 돌아갔다
흔적을 남기지 말라는 선생님 말씀을 잊고 제 이름을 모래톱에 적어두고

한 뼘씩 자로 재듯 모래를 짚으며 달린다는 달뿌리풀이
고라니 발자국을 덮는다 고라니 똥을 감춘다 고라니 프로필을 지운다

그리하여 난필 총총이라 쓴다

목에 흰 스카프를 날렵하게 두른 흰목물떼새에 대하여
자갈밭 둥지에 알을 낳아둔 흰목물떼새에 대하여
알을 건드리지 말라고 공중을 오리며 우는 흰목물떼새에 대하여

몇 줄 더 쓰고

벽난로 불쏘시개로 쓸 마른 나뭇가지를 주우러 갔다가 마을 노인 세 분을 만난 적이 있다 지난겨울 눈 그친 아침이었다 세 시간쯤 걸었다며 흰 눈이 소나무의 발목을 움켜쥔 숲을 빠져나왔다고 했다 나는 빈 자루를 들고 어정쩡하게 서

있었고 그분들은 산골짜기의 멱살을 잡고 한번 흔든 후에
산골짜기 따위는 산속에 던져두고 왔다는 듯 귓등이 붉었다

  날 선 칼로 강물의 눈금을 자르며 가는 살얼음에 대하여
  살얼음 떠가는 물속에 제 얼굴을 비춰보는 버드나무에 대하여
  버드나무 이마를 때리며 떼쓰는 눈발에 대하여
  눈발이 떼쓰는 소리를 뒤로 밀어내며 가는 강 건너 경북선 무궁화호에 대하여

  쓸데없는 것을 몇 줄 더 쓰고

사랑가

눈을 밀어
길에 쌓인 눈을 밀어
앞으로 간다는 것
하늘에서 쏟아진 배꽃을 밀어
길을 연다는 것
거대한 돌배나무를 넘어뜨리는 일만큼
가파르고 우람한 일
엄청나게 소소해서 좋은 일
눈을 밀어
길을 낸다는 것
겨우 가느다란 실을 잇는 일 같지만
저질러놓고 치우지 못하는 하느님보다 업무적으로 장한 일
눈을 밀어
넉가래로 눈을 밀어
동구 밖까지 밀고 가는 일
나를 밀어
갈 수 있는 데까지 갔다가
나를 돌려세워
눈을 밀어
나를 돌파하는 일
자동차 양쪽 바퀴가 지나갈 간격만큼만
눈을 미는 일
대문 앞까지 돌아와서

두 줄의 깨끗한 추리닝 바지 옆선을 보는 일
아침의 대견한 작업량을
학기말의 성적표를 바라보는 일
눈을 밀어
적설량을 헤쳐나가는 일
뱃전에서 노를 젓는 일과도 같아서
내가 없어져서 좋은 일
내가 사라져서 좋은 일

간단하고 명료한

새가 발을 모으고 죽었다

수평으로 날아다닐 때는 한데 붙여본 적 없는 두 발을
공중에서는 비행 방향을 바꾸는 조타수의 곡선이었으나
유리창에 부딪혀서는 수직으로 뻣뻣해진 갈퀴 같은 두 발을

자동 비행 조종 장치에 오류가 있었다고
고도와 속도 데이터에 심각한 문제가 있었다고
한쪽 발을 치켜들고 항의할 수도 있는 것을
추락 후 즉각 가동되지 않은 응급 의료 체계를 삿대질해도 되는 것을

새는 포기하고
누워 있었다

엄마가 요양병원에서 두 손을 모으고 누웠던 것처럼
손으로 손을 감싸보았으나 따스하지도 않고 미지근해서 아무렇지도 않던
내가 방에 켜둔 불을 전기세 아깝다고 따라다니며 끄던 손을
쌀을 안치고 대파를 다듬고 무채를 무치던 손을
선풍기 앞에서 목덜미 땀을 훔치던 손을 다소곳이 모으

고 누웠던 것처럼

　새는 기도하고 있는 것 같기도 하고
　발끝으로 향하던 핏줄을 움켜잡고 있는 것 같기도 하다

　나는 죽은 새의 유품을 정리하다가
　새의 가족에게 기별할 수 없다는 걸 깨달았다
　주소지가 없었으니까

　고장난 깃털 몇을 빗자루로 쓸어모으고
　새의 육체를 옮기려고 삽을 가져왔다

　상속 처리를 할 일도 없었다 새는
　모아놓은 재산이 없었으니까

　한푼의 채무도 없이
　간단하고 명료하게
　산골짜기에 지은 우리집의 유리벽을 통과해
　새는 벽에 구멍을 내고 싶었는지도 모르겠다
　유리는 보이면서도 보이지 않는 것이어서
　볼 것도 없이 확인할 것도 없이 머리를 들이밀어
　세상의 안마당에서 뒷마당으로 빠져나가려고 했을 것이
었다

새는 살아서 나를 본 적이 없지만
나는 실컷 새를 보고 있다
일으켜세워도 무너져내릴 눈사태처럼 까만
새의 그러모은 두 발을 보고 있다

장례도 조문도 운구도 봉분을 짓는 일도 가볍고 수월해서
햇볕이 서러운 날이었다
엄마를 묻듯이
뒷산에 새를 묻고
나는 간신히 두 손을 모았다

2부
꽃들의 키를 높이는 일, 그거

새를 기다리며

새장을 하나 만들어달라고 부탁했지요
보름 만에 새장이 왔고
과연 어떤 새가 날아들 것인가 궁금했지만

바람은 불고 날은 차가워서
한 달 넘게 헛간에 새장을 재웠어요
새장은 꿈속에서도 외로웠겠지요
두 차례 폭설이 새떼처럼 지나갔지요

새장을 묶을 철사를 구하는 데 이틀이 걸리고
나무를 타고 올라갈 사다리를 빌리는 데 사흘이 걸렸지요
그리고 새장을 매달 자리를 생각하느라
자그마치 열흘을 썼지요

가까스로 나무에 새장을 달아놓고
과연 어떤 새가 새장에 날아들 것인가
붉은머리오목눈이라도 오너라
박새라도 오너라
딱새라도 오너라

그럼에도 새는 오지 않고 봄이 왔어요
매화꽃이 지고 복사꽃이 피도록
한 달이 지나도록 새는 오지 않았지요

요즈음 나는 새 대신 혼자
주인 없는 새장 안에 들어가 알을 품어요
탁란을 일삼는 뻐꾸기가 들어오지 못하게
대문을 걸어 잠그고 동그란 창을 하나 냈지요

그러다가 새장 밖에 가끔 나와서
새야, 무정한 새야, 오너라
나 혼자 중얼거리면서 새처럼 울고 있지요

장닭

　닭장 문을 닫지 않은 게 잘못이었다 장닭 한 마리가 뛰쳐나갔다 내가 조르바라고 이름 붙인 놈이다 기세등등하던 놈, 대낮에도 암탉의 등허리를 발톱으로 움켜잡고 올라타던 고약한 놈, 쫓아갔으나 마당을 가로질러 대문을 빠져나갔다 뒷산으로 부리나케 달아나는 조르바를 잡을 수가 없었다 그는 주저하거나 망설이지 않았다 가부장이 빠져나간 닭장은 모처럼 평화로웠다 사내 없는 집에서 암탉들은 정숙하게 풀을 다듬었고 부리로 깃털을 매만졌다 장닭은 산속 깊이 들어가 과연 살아남을 수 있을까 감시와 속박에서 벗어나 빨치산처럼 산을 타게 될까 밤이면 굴참나무 가지에 올라 잠에 들지도 모른다 새벽에는 만국의 인민들에게 메시지를 보내는 장엄한 일에 종사할 수도 있다 조르바는 자유로우리라 그럼에도 가끔은 외로울 거라는 생각이 든다 비극적인 것을 사랑하는 동안 조르바처럼 삶의 면적이 넓어졌으면 좋겠다고 생각하다가 나는 오전에 가출한 장닭을 잊어버렸다 원고를 마감해야 하는 날이 며칠 지났고 비닐하우스 상추 모종에 자주 물을 줘야 했기 때문이다 오후에 잠깐 허리를 펴고 뒷산을 바라보니 산발치에 진달래가 장닭 깃털 같은 불을 지르고 있었다 저녁이 일찍 와서 산그늘이 마당으로 기어들 때쯤이었다 집을 나간 장닭이 뒷짐을 지고 조르바처럼 술 한잔 거나해진 아버지처럼 뒤뚱뒤뚱 대문 안쪽으로 걸어오시는 것이었다 석삼년 만에 집에 드는 바람같이 오시는 것이었다

나는 닭장 문을 열었고 장닭은 아무 거리낌 없이 오랜 침
소에 드시는 것이었다

벌에 쏘인 이야기

 하룻밤 우리집에 묵은 후배가 아침에 형님 텃밭에 풀 같이 뽑아요 하기에 나갔다가 여기 벌집이 있어요 어디 어디 하고 다가가서 풀덤불을 헤치다가 그만 쏘이고 말았다
 오른쪽 정강이와 종아리 서너 군데가 몹시 따끔거렸다 아내가 물파스를 찾아왔고 냉동실의 얼음덩이를 꺼내 문질렀다 뭐 괜찮다 했지만 반바지로 나간 게 화근이었다 침을 찾아 빼내야 한다며 그가 지갑에서 카드를 꺼내 쏘인 데를 짓눌렀다 침은 보이지 않고 발갛게 부어오른 부위가 동전 크기만해서 그러다가 말겠지 하면서 긁었다 손톱으로
 긁었는데 손등이 내 손 아닌 것처럼 퉁퉁 부어올랐다 가만 놔두지 않겠어 에프킬라와 가스 토치를 들고 나가 화풀이하듯 벌집 쪽을 분탕질하고는 마당가 의자에 점잖게 앉아
 또 긁지 않을 수 없었다 아 사타구니로 가려운 게 퍼지는 것이냐 나는 차마 사타구니가 가렵다고 말도 못하고 돌아앉아 벅벅 긁고 나니 이번에는 발등이 부어올랐다 그가 병원에 가봐야 하는 거 아니냐며 물었고 나는 어릴 적에 풀밭에서 놀다가 벌에 쏘인 적 있지 외할머니가 된장 발라줘서 끄떡없이 나은 사람이라고
 태연한 척하면서 대범한 척 이까짓 거 이까짓 거 하면서
 아침을 먹으려고 물을 한 모금 삼키는데 넘어가지 않았다 목구멍이 부었나봐 손등을 긁으며 발등을 긁으며 사타구니를 긁으며 목구멍을 긁을 수가 없어 이놈들 때문에 밥을 굶게 생겼네 그러다가 결국 응급실에 가야 한다는 데까지 생

각이 번졌다

 거참 벌에 몇 방 쏘였다고 쩔쩔매는 내 꼴이 말이 아니어서 샤워를 하려고 훌러덩 벗었는데 양쪽 겨드랑이와 허벅지가 말하기는 좀 뭣하지만 적화통일 된 것처럼 붉은 두드러기가 창궐하고 있었던 것이었다 그때 내가 무슨 생각을 했냐 하면

 재난도 아니고 환란도 아닌 그렇지만 쏘이고 부어오르고 가렵고 붉은 이 뜻밖의 이야기를 시를 잘도 쓰는 후배가 벌에 쏘인 이야기를 먼저 쓰면 어떡하나 먼저 발표를 하면 어떡하나 나는 조바심이 나서 옹졸하게 부랴부랴 종이 위에 볼펜으로 몇 줄 적어두고 나갔던 것이었다

3월에서 5월까지

3월 17일 논둑으로 냉이를 캐러 갔다 땅에 발을 묻고 있던 눈발들이 가까스로 발목을 꺼냈다

3월 26일 달래 뿌리가 엄지발가락만큼 실했다 아내가 달래간장을 만들었고 나는 흰밥에 비볐다

3월 28일 고깔을 쓰고 나온 광대나물을 데쳐 무쳐 먹었다 다 뜯지는 않고 한 고랑은 꽃 보려고 남겨두었다

4월 1일 고들빼기와 흰민들레를 한 바구니 캤다 김치를 담글 요량으로 다듬었다

4월 6일 진달래 꽃잎을 따 입에 물어보았다 화전이 눈에 삼삼했으나 찹쌀가루가 없다 했다

4월 7일 화살나무 새순 손바닥 펼치기 전에 한 움큼, 돌나물도 한 움큼 주머니에 넣었다

4월 8일 비 온 뒤 논둑에 벼룩나물 지천이다 마당에 벼룩이 될까봐 보기만 했다

4월 9일 오전에 원추리 새순 자르고 오후에 망초와 꽃다지 새순을 따 데쳤다 처음 해본 것인데 맛이 좋았다

4월 10일 아버지 산소 둘러보러 가는데 두릅 순이 돋았다 나도 두리번거렸다

4월 17일 소망실 사는 정문수가 엄나무 순을 따서 한 봉다리 갖다주었다

4월 20일 뽕나무 새순 반 뼘쯤 올라왔다 왼손으로 가지 끝을 잡고 오른손으로 톡톡 딸 때 나는 소리 지상으로 빗방울 뛰어내리는 소리

4월 26일 흰민들레 씨앗이 맺히는 대로 받았다 내년 봄에는 민들레밭을 일굴 것이다

5월 20일 참비름과 명아주 연한 잎을 한 소쿠리 땄다 조선간장과 참기름으로 무쳐 고추장에 비벼 먹었다 끝내준다

5월 24일 왕고들빼기 잎사귀 몇 장 쌈 싸서 먹었다 봄이 다 가겠다

물소리를 필사하다*

    정사의 터를 풀숲이 우거진 연못가에 얻었다. 이웃에 사는 사람 30명을 빌려 술과 음식을 먹이고 터를 메워서 축대를 쌓았다.
    호명면 황지리 구리실 골짜기에 양원석씨의 밭 사백팔십여 평을 샀다. 2019년 11월부터 이듬해 2월까지 집을 지었다. 아내에게 모두 맡기고 나는 일절 간여하지 않았다.

    또 용문사의 승려 및 용문동 주민들의 힘을 빌려 정사의 터를 닦았다. 단지 돌을 메워 고르게 하기만 하였고 일을 마치지는 못하였다.
    토목업을 하는 이상운 이장께 비탈진 밭을 평지로 만들어 달라 부탁하였다. 수십 트럭의 흙과 자갈을 실어냈다. 마당의 앞뒤로 배수로 공사를 마무리했고 면사무소에서 가로등을 달아주었다.

    초간정사로 가서 소나무 몇 그루를 심었다.
    전주에서 후배들이 팽나무 한 그루를 보내주었다. 서른 살쯤 먹은 팽나무는 큰 트럭에 실려왔는데 기사는 이리중학교를 나왔다고 했다. 김완준, 이병초 등이 도와 뒤뜰에 심었다.

    초간정의 동쪽 가 바위 아래 물이 떨어지는 곳이 있어 연못을 만들 만하였다. 노복들 수십 명에게 명을 하여 둑을 쌓고 물을 끌어오니 깊이는 어깨가 잠길 만하고, 맑기는 물고기를 기를 만하였다.
    포클레인을 불러 앞마당 그늘진 곳에 연못을 팠다. 이틀

동안 외삼촌과 물을 들이는 궁리를 한 끝에 겨우 물 떨어지는 소리를 들을 수 있었다. 김재현, 김병용, 이중선 등이 연못 둘레로 돌을 나르는 일을 거들었다. 박남준 형이 신문지에 싼 가시연꽃을, 안상학이 범부채 씨앗을, 외삼촌이 흰 연꽃과 노랑어리연꽃을 보내와서 심었다.

　용문사 승려들에게 권하여 괴목 여러 그루를 초간지 가에다 옮겨 심도록 하였는데, 한 그루는 말라 죽고 한 그루는 마르지 않았다.
　피실 외삼촌댁 마당에 서 있던 오래된 모과나무 한 그루와 개살구나무 한 그루를 얻어와 연못가에 심었다. 분꽃나무와 철쭉도 같이 심었다. 감나무는 새잎을 내밀지 않았다.

　밤에 심한 바람이 불고 큰 눈이 내렸다. 산 위의 눈은 두께가 한 자나 되었고, 평지는 거의 5~6촌이나 되었으며, 하천은 대부분 얼어붙었다.
　눈이 내리면 마을로 들어오는 길을 쓸어야 하는데 나는 매번 앞집 아저씨보다 늦었다. 서울삼성내과에서 고혈압과 고지혈 약 처방을 받아 약사가 문태준의 사촌누나인 행복한약국에 가서 약을 구하였다. 읍내 김두년 선생, 치과의사 황화섭, 서울에서 내려온 조현설 등과 취하도록 마셨다.

　눈이 그쳤다. 오전에 심한 바람이 그치지 않아 보를 막은 곳에 다시 일하는 사람을 붙여 큰 돌 10여 개를 끌어넣어 물결이 부딪히는 것을 막았다. 또 작은 돌로 그 안을 메워 견고하게 하였다. 날씨가 추워 일을 끝내지는 못하였다.

학교에서 퇴직한 뒤 목공을 배운 안동의 배용한 선생, 피재현, 김영목이 와서 닭장을 만들어주었다. 외삼촌이 청계 열댓 마리를 얻어와 넣었고, 이안이 충주에서 백봉오골계를 박스에 싣고 왔다.

집에 있었다.
종일 풀을 뽑았다. 책은 손에 대지 않았다.

초간정에 가서 소일하였다.
내성천까지 걸어갔다 왔다. 불쏘시개로 쓸 마른 나무토막을 몇 주워왔다.

봄보리에 열매가 들지 못했다.
동생 태현이 문경에서 옮겨다 심은 목단의 손가락뼈가 상한 것 같았다.

오후에 비가 내려 호미로 땅을 파는 깊이만큼 땅속으로 배어들었다.
점심 먹고 나서 눈부신 족제비가 뒤뜰에 왔다가 돌담 너머 총총 사라지는 걸 바라보았다.

서리가 눈처럼 내려 목화 싹이 다 시들었다.

큰 산의 눈은 녹지 않았는데 꽃다지는 논둑마다 자글거
렸다.

* 이 시에서 고딕체로 된 부분은 조선 중기의 문신 권문해(1534~
1591)가 쓴 『초간일기』 국역본의 일부를 그대로 옮겨 쓴 것이다. 『초
간일기』는 보물로 지정되어 있고 이 책에는 그가 말년에 예천군 용
문면에 초간정을 짓기 전후의 사정이 기술되어 있다.

꽃밭을 한 뼘쯤 돋우는 일을

꽃밭을 한 뼘쯤 돋우는 일을 생각하느라
가을을 다 보냈다
꽃밭의 위상을 높이는 일은 아니었고
꽃들의 구두 뒤축을 받치는 일은 더더욱 아니었다

결국은 마사토 한 트럭을 주문했고
세레스 일 톤 덤프트럭이 부어놓은 흙을 삽으로 떠 꽃밭에 넣었다 마른 꽃무릇은 숨고 구절초 꽃대는 삐죽 고개를 내밀었다
꽃밭이 두툼해지면
발목이 빠진 작약은 키가 낮아질 것이었다
노루귀 옮겨 심은 자리에 흙을 넣을 것인가
말 것인가 가슴을 졸이는 일이 해가 질 때까지 지속되었다

꽃밭에 들어가 돌을 골라내고 있는데 동무가 왔다
꽃밭을 높여보려고 한다니까
시인은 원래 이렇게 쓸데없는 일 하는 사람인가, 하고 물었다
꽃들의 키를 높이는 일, 그거
쓸데없는 일이지, 혼자 중얼거렸다
서리 오기 전에 배추나 서둘러 뽑으라 하였다

나는 다음에 톱밥이나 한 포대 사다달라고 부탁하였다

톱밥은 뭐에다 쓸라꼬?
닭똥 치우고 나서 거기 깔아주려고 하네
그러자 이제는 병아리 키 높이는 일을 하려고 하는구먼, 하고 웃었다
나는 동무에게 자네도 시인 다 되었네, 하였다

북문

눈보라가 들어와서 무릎 꿇고 울던 북문
오래전 여진족 기마부대가 들이닥치던 북문
땔감장수들이 지게 내려놓고 유곽 쪽을 힐끔 바라보던 북문
팔목에 쇠갈고리 끼운 상이군인들이 찾아오던 북문
현판에 북풍한설이라 쓰고 태평천하라 읽던 북문
월북작가들이 빠져나간 북문

나무들이 발목에 흰 붕대를 감고 산에서 내려오는 북문
피부가 거친 굴참나무와 화상자국이 또렷한 노각나무가 사는 북문
아는 나무보다 모르는 나무가 많아서 좋은 북문
나 제일 친한 친구의 집 어두운 처마 안쪽이 환하던 북문
장끼가 떨어뜨린 꽁지깃으로 벽에다 시를 몇 줄 끄적이던 북문
내가 쓴 시가 하늘로 가서 흰 눈이 되던 북문

늙은 모텔과 고시원의 달방이 즐비한 북문
냉동 돼지고기 앞다리로 찌개 끓이는 식당이 많은 북문
고등어를 쌌던 피 묻은 신문지가 날리는 북문
폐경기 지난 이모가 옥상에서 빨래를 털어 너는 북문
감나무가 더디게 자라 감꽃이 늦게도 피는 북문

북문 가까이 얼씬대지도 말라고 하던 북문

북문의 여자들을 생각하지도 말라고 하던 북문
돌아가야 한다는 것을 까맣게 잊을 만큼 눈발이 쏟아지던 북문

북촌

나는 북촌에 다녀왔다

서울의 북촌은 궁궐에서 북쪽으로 퇴근하는 관료들이 살던 마을이다 북촌은 대청마루에 큰 유리문을 달고 처마끝에 함석 차양을 단 한옥들이 오밀조밀하다 처마는 처마끼리 눈썹을 붙이고 벽과 벽을 잇대 함께 사용하는 마을이다

북촌은 아름답다

북촌이 아름답다고 말하는 순간 파멸이 왔다 북촌은 가난하고 지저분하고 딱딱하고 붉고 악독하다고 썼어야 했다

나는 북촌에서 과일남새생채, 배속김치, 명태순대찜, 송엇국을 먹었다 여기에 없는 것이 거기에 있어 북촌은 여전히 맛있다

북촌은 가난해서 아름답고 모든 게 부족해서 아름답고 언행이 덜떨어져서 아름답다

그럼에도 북촌에 대해 말하지 말았어야 했나 하고 생각한다 북촌에 대해 수많은 편견이 있다는 것을 안다 학교는 북촌에 가자고 하면 안 된다고 가르쳤고 법원은 북촌에 가서 살자고 말하면 감옥에 보냈으니까

해방 후 나라가 없을 때

북촌으로 가서 나라를 세워보려던 사람들이 있었다 임화는 펜을 들고 북촌으로 가 림화가 되어 사라졌고 이쾌대는 붓을 들고 리쾌대가 되었지만 살아남았다 리원조도 리태준도 펜으로 쓰려 하지 말고 붓을 들었어야 했나 다 옛날 이야기다

봄꽃이 북상해도 벌통을 트럭에 싣고 꽃을 따라가지 말았어야 했나

남쪽 오래된 바닷가에 살던 이광웅은 북촌에 간 오장환 시집을 읽다가 잡혀갔다 원양어업보다 북촌에서 쓰는 먼바다 고기잡이가 낫다고 가르쳤다가 간첩으로 몰렸다 전두환 때였다 그리워하면 죽는다

북촌이 뭐길래

나하고는 그다지 관련없다고 생각하던 북촌

비굴하게 명함을 내밀지 않아도 되는 북촌

— 사랑을 얻기 위해 아첨하지 않아도 되는 북촌

나는 북촌에 열 번쯤 다녀왔다

하지만 지금 북촌은 없다 북촌은 죽었다 북촌을 꺼내는 일은 죽은 자기 무덤을 파헤치는 일이다

지금 그래서 겨우 북촌은 아름답다고 쓰고 있다 이건 내 어깨가 왼쪽으로 기울었다고 의심받을 짓이다 나는 도무지 북촌에서 벗어날 수 없다

나는 아직도 북촌을 잘 모른다 북촌에 대해 뭔가 의도나 의지를 가지고 있지도 않다 북촌에서 사업을 펼쳐 팔자를 고칠 계획도 없다

나는 하는 수 없이 1942년 판 백난아의 〈찔레꽃〉이나 따라 부르는 수밖에 없다 천리 객창 북두성이 서럽습니다

안부

북쪽에 눈이 오는지요?

저녁은 끓였는지요?

게사니들 대가리 주억거리듯
처마끝에 청천벽력 눈이 오는지요?

양들에게 먹이 주듯 한밤중에 새끼 받듯
그 새끼에게 젖 물리듯 눈이 오는지요?

큰 산 벼랑에도 눈이 치는지요?

눈을 퍼서 가마솥에 끓이는지요?

마당귀 그 솥 안에도 캄캄하게 눈이 오는지요?

유산가(遊山歌)

영양 자작나무 숲 가는 길에 외딴집 한 채를 뵈었다

서쪽으로 어깨가 한 자쯤 기울었다 기우뚱거리는 범선 같았다

뒷마당 돌배나무는
쌀 안치는 소리 같은
꽃을 달고 서 있었다

자신을 밀고 나가는 일이 과연 옳은 일인가 잠시 멈춰서 생각하는 것 같았다

밑바닥이 가라앉기 좋아 보였다

저 빈집을 통장을 털어 살 수 있다면, 하고 생각하다가 흥정이 잘 되면 훤칠한 돌배나무 돛을 공으로 얻을 수 있겠지 하는 데까지 생각이 뻗어나갔다

빈집은 청승맞게 허벅지를 긁고 있었고

소유할 때 생기는 오해를 나는 어찌 감당할 것인가 초록을 핑계삼아 돌파할 수 있는가 근심이 돌배나무 수피에 덕지덕지하였다

그나저나 주인의 연락처는 어딜 가서 구한단 말인가

귀룽나무꽃 그늘에서

　골이 좁고 비천한 궁촌에 해마다 한 번씩 수로부인께서 다녀가신다는 말을 해도 당신은 믿지 아니하고 도리질하고 마실 것입니다만

　『삼국유사』를 가방에 넣고 김규탁 선생님 댁에 한문 공부하러 가는 아침이었습니다

　제가 어찌어찌하다가 수로부인의 치마 아래 들었다고 하면 점잖은 자리에서 난데없이 끼를 부린다고 나무라실지도 모르겠습니다만

　번개는 총총하고 천둥은 낭창낭창하고 우박은 치렁치렁한 날이었습니다

　꽃이 피는 소리는 들을 수 없었지만 꽃이 피는 순간에 꽃그늘에 들었다는 건 무진장 신통한 일이었습니다

　귀룽나무는 가만히 있지 못하고 꽃자루마다 꽃을 달고 치맛단을 늘어뜨리고 골짜기 아래로 휘어지는 것이었습니다

　이 부인이 허영을 부리다가 교만해져서 머지않아 먼 데 여행이라도 한번 같이 가자고 조르면 어떡하나 나는 그럼 어떡하나

그렇게 저는 아찔하고 서운한 총상꽃차례 무늬 치맛단을
올려다보고 말았던 것이었습니다만

덧없는 감정

족제비가 돌담을 넘어가고 있었다

순식간에 뒤꼍으로 들어왔다가
오래 내 눈 속에 살고 있는

족제비가 사라진 자리에
족제비가 가고 있다

옛적에 둘째 고모부는 처가에 올 때마다 족제비 잡는 틀을 가지고 왔다 한다
족제비 노란 털을 흉내내어 등을 밝히던 시절 이야기다

그럼에도 덧없는 것들에 미혹되어
자신의 대가리를 잘라내고 몸통을 지우고 꼬리를 감추면서
이 골짜기에 살아남은 것이다 그나 나나

절멸과 절필 사이에서

발소리도 없이
족제비가 걸어간 자리에
족제비가 새겨져 있다

아무도 기억하지 않는 감정을
족제비가 내게 와서
길게 끄집어내준 날이었다

뒤꼍 꽃밭에 그가 켜둔 노란 불꽃의 이름이 애기원추리
라 했다 총총

나는 모르고

하늘나리가 밥을 짓고
하늘나리가 빨래를 하고
하늘나리가 연애하고 새끼를 낳는 것을
나는 모르고
나는 하늘나리를 찾아
숲으로 들어갔던 거지
하늘나리가 사는 마을의 주소도
하늘나리의 친척도 동무도
나는 모르고
멸종될지도 모른다는
하늘나리를 찾아가다가
그만 눈알이 빨개졌던 거지
하늘나리 앞에서
사진을 찍고
하늘나리가 여기 있다고
드디어 찾았다고
일행에게 문자를 보내고
털썩 주저앉았던 거지
하늘나리를 찾은 게 아니라
하늘나리에게 생전 처음
들켜버린 것을
나는 모르고

세워둔 연못

 간장종지 떨어지는 소리가 났다 숟가락을 놓고 가보니 새가 창에 부딪혀 바닥에 떨어져 있었다 등이 푸른 물총새였다 연못을 살펴보러 왔다가 막 떠나려던 참이었나 새끼들을 부르러 가던 길이었나 앞마당 연못 속 물고기의 수를 헤아리느라 부리가 길어졌구나 물총새는 수평의 연못이 지겨워 연못을 세워두고 머리를 들이밀었는지도 모른다 나는 바깥을 보려고 창을 달았으나 나의 바깥은 새의 국경이었다 또한 나의 바깥은 반질반질해진 새의 안쪽이었다 새가 밥을 얻으러 가던 실 끝을 땅에 묻고 나는 식은 국을 떠먹었다

손톱

나는 손톱 밑에
검은 새를 키울 수 있게 되었어요
풀어놓았던 새들이 아침마다 찾아왔거든요

장갑을 벗고
풀의 밑동에 손가락을 넣고
마당에 나가 식전에 두어 시간 풀을 뽑았죠
그리하여 나는 손톱을 얻었어요
대지의 멱살을 잡아
풀뿌리를 통째로 들어내면서

풀 한 움큼을 들고 서서
거름더미로 가져갈까
모아서 닭장에다 던져줄까
잠시 망설였죠

쓸데없이 눈부신 게 세상에는 있어요

감추려고 무던히도 애를 쓰며 살았죠
손톱이 없는 손가락으로
기타를 치고 밥을 먹었고요

나는 요즈음

새의 잔등에
토마토를 심어 기르고 있어요
손톱을 얻지 않았다면 가당한 일이나 하겠어요

내 손끝을 쪼아먹다가
손톱이 울어도 가만 놔둬요

그늘의 재봉

가끔 빗소리나 잘 들으라고 선심 쓰듯 닭장에 양철로 지붕을 덮어씌운 게 썩 잘한 일은 아니었다

닭들은 여름 한낮 숨이 차서 헥헥 부리를 벌리고 알도 낳지 않고 올라타지도 않고 시들한 오이 덩굴을 닮아가고 있었다

낡고 해진 인삼밭 그늘막을 얻어 닭장 지붕에 올려줄 그늘의 모서리를 얼기설기 노끈으로 엮고 시치고 가는 철사로 묶고 꿰맨다

그늘을 재봉하는 일이 그리 어설퍼서 어디 쓰겠어요

산철쭉이 꽃잎 속에 든 바늘도 모르게 제 그늘을 오려 공글린 다음 발밑에 도렷하게 펼쳐놓았다

열무씨 이천원어치에 대하여

 열무씨 이천원어치를 장에 나가 샀고 여름은 습했다 개구리 우는 소리 들으며 소주를 마셨고 열무씨 이천원어치를 잊어먹게 되었다 열무씨 이천원어치를 샀다고 동생에게 자랑했지만 보여줄 수 없었다 흙을 부드럽게 하라는 말을 들었고 열무씨 이천원어치는 찾을 수 없었다 나는 날마다 열무씨 이천원어치를 그리워하게 되었다 열무씨, 열무씨, 사내 이름 부르듯이 열무씨를 불렀고 텃밭에 장마가 왔다 열무씨 이천원어치의 행방을 모르는 풀이 크게 성장했다 열무씨 없이도 열무씨가 땅속에서 발아할 수 있는 건 사라진 열무씨 이천원어치 덕분이다 나는 아침저녁으로 열무씨가 안구건조증에 걸리지 않게 물을 줄 수 있었다 열무꽃에 눈독을 들이지 말라고 나비를 향해 헛기침을 할 수도 있었다 아내는 어린 열무를 솎아 무쳐 된장에 비벼 먹으면 좋다 하였고 열무씨 이천원어치가 없어도 오이 덩굴은 브로치를 달았고 옥수수는 원피스를 새로 만들어 입었다 열무씨 이천원어치가 없어도 밤꽃은 피고 밤에 소주를 마실 수 있었다 며칠 뒤에 다시 동생이 와서 물었다 밭에 열무를 심었느냐고 괜히 고생하느니 사서 먹으라고 했다 나는 열무씨를 찾지 못했다는 말을 감추고 열무씨 이천원어치만 있으면 이 세상 걱정할 것 없다고 너스레를 떨었다

풀 뽑는 사람

풀을 뽑습니다
쪼그리고 앉아
쇠뜨기
애기똥풀
개비름
개망초
도꼬마리

이름을 한번 불러준 다음 이름을 덜어냅니다
이 못된 족속들,
꽃밭에 명함을 퍼뜨리고 칠보 장식 족두리를 쓰고
검소하게 혼례를 치르라는 말 잊었습니다
손에 닿는 족족 발목을 뽑습니다

발목의 길이와 굵기는
풀의 신분에 따라 제각각이지요
땅 위에 기세 좋게 기어가는
어떤 하층계급의 풀은
너무 먼 데서 걸어와
아예 발목이 없습니다
이름을 찾아보았더니
애기땅빈대,
기어가는 동안

겨드랑이에 꽃이 다닥다닥 붙었습니다
비가 와도 튀지 않고
죄를 짓고도 모르는
촉법소년 같은 풀
호미로 캐냅니다

풀과의 관계,
풀에 대한 예의는 고려하지 않습니다
나는 풀 뽑으러 이 세상에 왔습니다
풀의 입장을 생각할 겨를 없습니다
이 대수롭지 않은 일이
풀의 국토를 횡단하는 일 같아서

줄기의 마디가
쟁기를 끄는 소의 무릎처럼 생긴 것은
쇠무릎입니다
약재상에서 우슬(牛膝)로 통하지요
관절염에 효능이 있다고 하나
월경불순시 혹은 근육경련 때도 좋다 합니다
호미로 정강이를 때립니다
소가 거꾸러집니다

퍼질러앉기 좋아하는 풀은

바랭이입니다
나도 바랭이처럼 아예 퍼질러앉습니다
소나기 지나가면 하루에 한 뼘씩 세력을 늘리는 이놈을
닭들에게 던져주면 까무러치게 좋아합니다
바랭이들 모두 뽑아내고 나면
꽃밭의 꽃들도 좋아서 까무러치겠지요

괭이밥은
고양이가 소화제로 뜯어먹는 풀입니다
꽃이 지기 전에 옆에 있는 꽃이 알아차려서
5월경부터 가을까지 꾸준히 가는 줄기 끝에 꽃을 게워냅니다
설사를 억제하고 해열과 피부 염증에 좋다 하지요
백혈병이나 간경화에도 효력이 있다 합니다
그럼에도 나에게는 잡풀이지요
손이나 호미를 댈 필요도 없습니다
발바닥으로 문질러
짓이깁니다

뽑아도 뽑아도 풀은 돋아납니다
이야기를 쏟아내도 이야기가 고이는 연못처럼
마당에는 또 풀이 고이겠지요
책에 밑줄 긋는 일보다는

풀 뽑는 일이 천배 만배나 성스러워서
나는 이놈의 풀을 퍼낼 바가지가 어디 없나 두리번거리는 중입니다

3부
겨울은 길고 가창오리떼는 단순하지 않다

구절초

　눈독들이지 않고 기다리지 않고 방치했더니 꽃을 보았다 꽃이 달린 자리는 사실 눈보라가 대들던 자리, 저간의 사정을 살피자면 흰빛 일색의 눈보라의 몸을 안으로 욱여넣고 창을 닫고 억척스럽게 내면을 살핀 적이 있었던 것, 절멸, 그 흔적이 바로 흰색이다 가끔 나는 허리가 가는 초록의 꽃대 끝에 올라앉은 꽃숭어리의 무게를 모으면 그게 마음의 질량이라 생각하게 된다 이슬에도 입술이 베여봐야 이마가 환해지는 법, 구절초 피는 오후는 모두 처음 보는 오후라서 꽃이 핀 게 아니라 초록이 참고 참다가 구절초꽃을 뱉었다는 생각도 하게 된다

모란꽃

흰 모란꽃 위에 바위를 얹었지요

그 바위가 삭아 주저앉기를 기다리면서요

모란꽃 흰 접시는 천년이 지나도록 깨지지 않았어요

한 번도 눈 내리는 마을을 보지 못했다는 모란꽃

꽃대를 잘라 창틀을 짜고 꽃잎으로 통유리를 달았지요

눈발이 창턱에 눈썹을 걸어두고 가더니

흰 모란꽃이 피었어요

흰 모란꽃에 눈 맞추다가 눈이 멀어버린 나비처럼

붉은병꽃나무

고양이가 그늘 아래 오래 앉아 있었다

고양이가 나무의 발목을 자주 핥아서 붉은 꽃이 피었다

나는 고양이 혀를 뽑아서 꽃병에 꽂았다

무슨 꽃이냐 물으면 고양이혓바닥꽃이라고 말할 생각이다

거실의 꽃이 시들어 바깥의 고양이는 울지 못했다

방안에서 아기가 야옹, 하고 대신 울었다

난로에 장작을 넣었더니 나무가 혀를 꺼내 불꽃을 만들고 있었다

나는 붉은병꽃나무가 꽃을 피웠으니 보러 오라고 그에게 알렸다

수학 공부

산국꽃이 피었다

꽃들이 칭얼대며 울어서 젖꼭지에 금계랍을 발라두었겠지

내 통장의 돈보다 꽃이 많네, 하며 노인이 지나가고

꽃송이가 몇 개나 달렸나 헤아려보는 동안

저녁이 왔다

별들이 꽃의 개수를 헤아려보려고 눈을 뜨겠지

산비탈 아래 지친 서리가 발목도 없이 와서 손을 벌린다 해도

꽃을 계산하는 일에 영영 실패하고 일생을 보낸다 해도

여우와 함께 산책을

눈 내리는 산길을 혼자 걷다가 여우를
한 마리 만나면 나는 쇄골이 하얘질 것이다
여우한테 넘어가서 여우를 따라서 눈이 더 세차게 몰아치는 골짜기로 들어가서 나는 여우 굴에 들어가서 백년 동안 신세를 지고 살 것이다

그런데 도대체 여우가 어디 있다는 말인가

고심 끝에 나는 여우가 찍어놓고 간 발자국을 먼저 찾아보기로 하였다
여우는 제가 지나간 흔적을 꼬리로 지우고 자신의 경력을 길게 기술하지 않는다 하였다

솔직히 남조선은 지루하다는 것 있는 게 너무 많고 있어도 갖고 싶은 게 많다는 것 없으면 모두들 갖고 싶어 죽도록 출근한다는 것

여우를 만나면 나는 이렇게 말할 작정이다
한 달에 한 번쯤은 함흥을 갔다가 오자 여기는 국경이 없어 슬프지 국경이 없어서 월경이 없잖아 월경이 없어서 넘어가는 일이 없잖아 넘지 못해서 일탈이 없잖아 헛된 것을 한 번도 쫓아가보지 못하고 의미 없는 것을 평생 물어보지 못하고

여우는 제 발자국을 다 지우지 못하고 총총 사라진 게 틀림없었다
 그 골짜기, 눈 퍼붓는 응달에
 산수국 마른 가지 끝에
 여우가 발자국을 얹어놓은 것을 발견하고 나는 망연자실하고 말았다
 여우는 신접살림을 차리러 떠났다는 말인가

 모쪼록 여우와 함께 산책을 하고 싶다면
 그 산수국 헛꽃이 어디에 있는지 먼저 찾아볼 일이다

고평역

기차가 고평역을 지나간다
고평역이 없는데 플랫폼도 없는데 고평역을 지나간다

바로 여기가 고평역이야, 하면
너는 고평역이 풀밭이야? 하고 묻고

지붕이 낮고 개찰구가 좁고
역무원 어깨에 비듬이 쌓여 있던 고평역

누나들이 강물에게 흰 허벅지를 떼어주고 건너와
간절하게 떠나고 싶어 찾던 고평역

나는 그때 어처구니없게도
기차를 타고 세계를 건너갈 꿈을 꾸었던가

나는 슬프면 붉게 울던 속눈썹이었다고 말하면
너는 슬퍼할 틈이 없다고 말했고
나는 예약 없는 치통이었다고 말하면
너는 아침에 양치했다고 잇몸을 보여주었고

지나간다, 기차가, 고평역을
형편없이 딱딱한 의자, 나팔바지, 존 덴버, 성문종합영어가

지나간다

나는 고평역이 죽었다고 말하지 않고
아버지가 일찍 죽었다고 말했다
측백나무 울타리도 죽었다고

그동안 기차는 멈추기를 포기하고
점점 더 빨리 달리는 일에 골몰했던 거다

나는 지금도 보고 있지만
너는 본 적 없는 고평역
그때는 있었으나 이제는 없는 고평역

속절없이 연락이 끊긴 사람에 대하여
누구의 책임이라고 묻기 어려운 과오에 대하여

아무도 고평역에 대하여 질문하지 않고
기차가 지나간다
애당초 고평역은 답이 없는 것이다

쓸모없는 역이라고 했다 너는
쓸모없는 것을 기억하는 것도 쓸모없는 일이라고
기억할 줄 아는 사람만 아픈 거지

그 사람은 밤이 철길만큼 길 거야

너는 옆에 바짝 붙어 있고 너는
보이지 않고 너는 사라졌고

기차가 고평역의 아랫배를
절개하고 지나간다
눈발이 수술자국을 더듬더듬 찾는다

밤눈

저수지가 넓어서 가창오리떼가 도래한 게 아니다 그들이 부리로 저수지의 끝자락을 물고 한꺼번에 날아오른 다음 순식간에 수면을 엎어놓은 것이다 그러므로 수평의 저수지를 세워 벼랑으로 만들거나 벼랑을 허물어뜨려 파지(破紙)로 만드는 일은 그리 대수로운 게 아니다 가창오리떼는 수면이 나태해지지 않도록 긁고 헤집어 흠을 낸 다음 그 흠에 딱지가 앉을 때를 또 기다리는데 그때가 절기로는 대설이다 반쯤은 몸이 물속에 잠겨 있고 반쯤은 물위에 뜬 상태로 살아가니 모두 반지하방 세입자인 것은 맞다 하지만 겨울은 길고 가창오리떼는 단순하지 않다 때로 날개 끝에 달린 전등 스위치를 내리고 어둠 속에서 가차없이 텅 빈 뼈를 잘게 쪼개고 부수어 구만리 장천에 뿌리는 날도 있다 헛되어서 실한 날이다 쾌히 밤눈이 내리는 날이다

물음과 무덤

경북도립안동의료원 영안실에서 엄마를 꺼냈죠
남편 없다고 엄마가
더이상 울지 않았어요
할머니 묻으러 간다고 어린것들이 더 크게 울었어요

엄마는 버스 화물칸에 누워 무얼 생각할까요
어느 겨울 대파 뿌리를 화분에 묻으며
느 아부지 검은 머리 파뿌리 되도록 살자 하더니만, 하던 말
그러다가, 청춘 홍안을 네 자랑 말어라
덧없는 세월에 백발이 되누나, 한 곡 뽑고는
나는 가슴 밑바닥에 다 묻었다, 했지요

엄마, 사실은 가슴이 아니라 공중에 묻은 거지?
보이지 않으니까 묻었다고 말한 거지?
묻으면 보이지 않으니까
보고 싶어도 볼 수 없는 거니까

평생 밥을 먹었느냐고 물었죠, 엄마는
어느새 맨살을 잘라 쌀을 안치고
내장을 꺼내 동태탕을 끓이고
요새 밥 못 먹고 사는 사람 어디 있냐고, 버럭
노한 척하면서 나는 숟가락을 들었죠

동그란 양은 밥상 앞에서 어두운 무덤처럼

이건 엄마가 모르는 건데
집을 짓고 통창을 달았더니 물총새가 부딪혀 죽었어
나는 물총새를 감추려고 땅에 묻었지
봄날 얼음이 녹자 물위에 뜬 잉어 세 마리도 묻었고
폭우 거칠던 날 죽은 고라니 새끼도 묻었고
서서 죽은 마당의 주목나무 두 그루는 불에 태웠어

편지를 묻어본 사람은 삶의 슬픈 격류에 떠밀려본 사람,
스무 살 때 내 정강이뼈를 으스러지도록 차던 그 계엄군 병사는
나처럼 수염을 깎으며 늙어가고 있겠지요
김지하 시집 『황토』 초판본을 감출 데가 없어
땅에 묻어야 할까 괴로워한 적도 있었어요

학교는 묻지 말고 묻어야 한다고 가르쳤고
물으면 물음이 되고
묻으면 무덤이 된다고 말한 건 국가였어요
과거를 묻으면서 어른이 되지요

우리는 엄마를 묻었다는 걸 감추려고 해마다 벌초에 나서겠지요

엄마가 간신히 불구덩이를 벗어나
최첨단 화장로 안으로 들어가고 있어요
처음이지, 엄마?
시원하시겠네, 정말

아버지가 마당에서 싸리비로 눈 쓰는 소리

내게 욕심이 하나 있다면 겨울날 식전에 아버지가 마당에서 싸리비로 눈 쓰는 소리를 이불 속에서 가만히 듣는 것
  그 소리는 빈 논의 살얼음을 누군가 맨 먼저 밟고 또 그 뒤를 이어 밟고 지나가는 소리처럼 하얗고 아득하였는데
  나는 그 소리를 귀에 조금 넣어두고 다시 까무룩 잠이 들었던가
  아버지가 마당에서 싸리비로 눈 쓰는 일은 마당에 없던 연못을 들여놓는 일이고 연못의 수면을 닦는 일이라는 것을 알기까지는 참으로 많은 우여곡절이 있었다 연못은커녕 고샅길에 빗자루 지나간 자국 하나 남기지 못하고 살았는데
  아버지의 헛기침처럼 빗자루로 쓸어낼 만큼만 눈이 내린 아침,
  나는 눈을 쓸러 나가며 어찌하여 또 우쭐해져서 보이지 않던 것이 보이기를, 허명이 지워지고 문장이 오기를, 하고 욕심을 부려보는 것인데
  아버지가 마당에서 싸리비로 눈을 쓰는 동안 부엌에서 뭇국이 끓었던가 냄비 속에도 눈이 내려 길이 자욱했던가
  빗자루로 눈 쓰는 소리 엿듣다가 딱새 한 마리 밤의 이마에 붙어 있던 자잘한 씨앗들을 쪼아먹는다

물통

　물을 가둔 통을 물통이라 한다 물통은 제방이 없으므로 저수지는 아니다 물을 받아 뭉쳐놓은 통이라 해도 되고 물통 크기로 물을 빚어놓은 통이라 해도 된다 물통은 누군가 숨기거나 감추어둔 물을 흔들거나 부어버리고 싶어한다 물이 찢어지기를 고대하는 것이다 물은 물통의 안쪽을 달리 이르는 말로서 때로 격렬과 파란(波瀾)으로 뒤틀리거나 구겨진다 그러므로 물은 물통의 내장인 셈이다 물통의 꿈의 최대치인 물은 물통의 한계이기도 하다 물통의 용적량에 따라 물의 형체가 좌우된다는 건 만고의 진리다

죽변항

뱃머리에 눈이 쌓이고
아프지 않은데 병들었고
슬프지 않은데 울었고
삿대질도 없이 멱살을 잡았어요

뱃머리에 쌓이는 눈이 보이지 않는 골목 끝에서
라면에다 차가운 소주를 삼켜도 다 듣지요
뱃머리끼리 부딪칠 때 갈매기 우는 소리 나는 거

당신은 눈 내리는 포구를 보고 싶다고 말했죠
산통처럼 눈이 내려요
편견처럼 눈이 내려요
바다에 그물을 내리듯이
그물 속으로 도루묵떼가 몰려오듯이
눈이 내리쳐요 보이나요 북방의 흰 빗금들이

뱃머리에 눈이 쌓이고
눈송이는 지상의 빈자리를 꿰매고
우리는 목덜미로 눈을 받으며
노란 노끈으로 구멍난 그물을 꿰매요
점퍼 옷깃 안쪽으로 수북하게 쌓인 눈을 털어내며

하늘의 어깨에 근육이 붙었나 하고 생각해요

갈매기들 깃털이 긴장하고 있어요
바로 어제 포구에 새로 도착한 놈들이죠
말라붙은 생선 비늘을 봐도 아직은 이름을 모르죠

사소한 감정을 눌러 죽여야
파도가 만들어지는 건 아니에요
파도는 동정을 받기 싫어하죠
파도는 겉으로는 눈썹에 날을 세우고 속으로는
부드럽게 당신의 발끝을 어루만져요
당신의 뱃속에 들어앉은 등불이
켜질 시간인가요 멀리 있어서 둥근 불빛

눕지 않았는데 핼쑥해졌고
마시지 않았는데 불콰해졌고
엉키지 않았는데 풀어졌고
뜯어지지 않았는데 이어졌고
사랑하지 않았는데 허물어졌다고
뱃머리에 썼던 말들은
뱃머리에 눈이 쌓이면서 사라졌어요

오늘 잠들기 전에 적설량을 적어 보낼게요
금방 녹아서 사라지는 것을 꿈이라고 하나요
꿈의 해변에서, 곱아서 오그라든 손을 펴서

눈발처럼 길게 쓸게요

북행

북, 이라는 글자는 우물의 얼음처럼 검지
북, 이라고 쓰고 북쪽을 생각하면 캄캄해지지

그렇다고 해도 아까시꽃이 필 때 꽃을 따라 북으로 가는 트럭들 좀 생각해봐 그 운전사에게는
북행이 참말로 환했을 거야
볕은 장글장글 따사롭고 바람은 솔솔 보드라운데*
말하자면 짐칸에 해를 태우고 가는 거잖아 꽃에게 삿대질할 일 없고 꽃자루의 멱살을 잡을 일도 없지

꽃들의 이동 경로를 따라간 건 아니지만
2018년 9월 18일, 나는 서울공항에서 평양국제비행장으로 가는 공군 1호기를 탈 기회가 있었어, 별다른 장식 없이 조용히 낡아가는 고려호텔에서 돌목어가 뭘까 하면서 돌목어식해를 먹었고

북, 이라고 아무도 종이 위에 쓰지 않는 계절이야
북쪽에서 바람이 불어오면 문을 꼭꼭 걸어 잠그고

혼자 이렇게 적어보지

백설기, 약밥, 칠면조말이랭찜, 해산물 물회, 과일남새생채, 상어날개야자탕, 백화대구찜, 자신소심옥구이, 송이버

섯 편구이와 볶음, 흰쌀밥, 송어국, 도라지장아찌, 오이숙장과, 수정과, 유자고, 강령록차

  평양의 목란관에서 열린 연회의 차림표를 북쪽 표기대로 적었다가
  북, 이라고 썼다가
  지우지

  북, 이라는 글자는 우물처럼 어두워서
  북, 이라고 쓰면 수면의 최상부에 두레박 밑바닥 닿는 소리가 나서

* 백석의 시 「귀농」의 한 구절.

검은 비닐봉지에 대하여

인생

아, 하고 입을 벌리면서부터 구겨졌다
발화하는 순간 오해가 생긴 것이다

배가 부를 때는 보이지 않고
허기질 때마다 부스럭거리며 나타나는
만지면 간절하게 살얼음 깨지는 소리

짓물러진 복숭아 눈자위가
울먹울먹하는 것도 모르고
살았다

일관성

뜨거운 시장 통닭을 담고 가면
수탉이 되어 볏이 길쭉해지고 살갗에 소름이 돋아 흐르는
무얼 담아도 슬프고 축축한
이 가련한 육체는
사실 안과 밖이 별반 다르지 않다

어머니

 어머니는 당신을 꼭꼭 묶어 서랍장에 쟁여두었다 나는 모두 내다버리자고 했다 다 요긴하게 쓸데가 있단다 자꾸 아프면 당신도 늙어가요 어머니는 입을 크게 벌려 말해본 적이 없다

 어머니는 대파 한 단을 사 들고 와서 간신히 말했다
 이런 꽃다발은 어떻노?

경작

 검은 새가
 자두를 낳았다
 감자밭 백 평을 낳았다
 거칠고 품격이 없는 새는
 아무것도 소유하지 않아도 된다며 파닥거리다가
 발랄하게 울었다

분홍의 방출

고양이가
꽃잎을 뱉어내고 있다

납작하게 엎드려
키 작은 꽃나무라도 된다는 듯이
뱃속에 든 것을 모두 뱉어내도
아무런 허기도 느끼지 않는다는 듯이

수백 마리의 벚나무가
두 줄로 나란히 기어와
몸에 붙은 꽃잎들을 떼어내기 시작하는

봄날

꽃잎을 뱉어내는 일이
마치 일생의 과업이라는 듯이
분홍의 방출이 적선을 쌓아가는 일이라는 듯이
지금 고양이는 운조루 고택 봉당에 웅크리고 있다

섬진강 물소리 귀에 쓸린 듯
고양이가 크게 재채기를 하자
허공을 핥으며 숨는 꽃잎

엎드려 있던 꽃나무가
담장을 뛰어넘고 있다

역무원

하늘도 세 평, 꽃밭도 세 평이라는 말 들어봤는지요?
경상도 오지의 승부역 어느 역무원이 철로 옆 바위벽에 썼다고 알려진
하늘도 세 평, 꽃밭도 세 평

한번 들으면 귓전에서 떠나지 않는 말들이 세상에는 더러 있지만
귓구멍으로 들어가기는커녕 귓가에 내려앉지도 못하는 뱁새 부리 같은 말들을 지껄이느라 한평생을 보냈다는 생각이 들 때쯤
산 첩첩 물 첩첩의 첩첩(疊疊)이라는 한자를 들여다보는 일도 첩첩하다는 생각이 드는 골짜기에 와서
도렷하고 실다운 그 문장을 읽습니다

골짜기의 걱정이 얼마나 쌓이고 깊으면
하늘도 세 평, 꽃밭도 세 평일까요?
나는 생뚱맞게도 그 역무원의 직급이나 신세나 가족관계 같은 게 궁금해져서
말도 안 되는 일지만 이런 결론에 도달하였습니다
그이는 근무 수당만큼 좁다란 하늘을 올려다보며 손으로 평수를 재보았을 것이다
그이는 봄철 구내 환경 정비 활동을 할 때 혼자 조성한 꽃밭을 내려다보며 하늘의 평수와 견주어보았을 것이다

그러고는 평생 대체 몇 량의 기차를 동해로 밀어 보냈을까요?

나하고 같이 강가에도 앉아보지 않을래요?
물소리에 귀를 다치셨다니
한 열흘 소리가 가라앉을 때까지 분홍의 고약을 붙이고 있어도 좋을 강가에서 진달래꽃을 바라보지 않을래요?
잠을 자다가도 눈보라 치듯 서러운 게 와서 벌떡 일어나 밤이 하얘질 때까지 앉아 있는다 했지만
벼랑의 바위 속에 든 천둥을 꺼내줄게요
썩지 않는 그늘을 줄게요
기차 바퀴 소리가 심심하지 않게 굵은 소금 간을 치고 갑니다

하늘도 세 평, 꽃밭도 세 평
크게도 작게도 말고 딱 세 평쯤 마음속에 방을 들이고
부뚜막에 쪼그려 수제비 뜨는 나어린 처녀의 외간 남자가 사는 골짜기가 멀지 않은 곳에 와서*

---

* 김명인의 시 「너와집 한 채」에서.

계산

　오암에 땅이 칠백 평 났다고 엄마는 좋아했다 가봤더니 더 좋더라고 했다 어예 그쿠로 좋은 땅이 거 숨어 있는동

　여기저기 헐어 이천오백만원을 마련해서 보냈다 땅을 판 주인 할아버지가 콩을 심어 일 년에 두 말씩 주기로 했다고 평생 도지 얻어 평생 살다가 도지 내준 사람 됐다고 웃었다 쥐눈이콩꽃처럼 웃었을 거다

　봄이 되자 땅 보러 가자며 자식들을 불러모았다 손자의 손을 잡고 나는 이제 죽어도 들어갈 집이 있다고 했다 그 집에 아버지도 모시고 가서 같이 살 거냐고 동생이 물었다 왜 이꾸 그노 암말도 마고 있거라 나 혼자 살란다 시끄럽데이

　엄마를 묻고 산소에 떼를 입히자마자 소나기가 내렸다 마치마끄러 내렸다고 죽은 엄마가 말했다

　가을이 가고 몇 차례 눈보라가 다녀가는 동안 사망자 상속재산 정리하러 우체국에 갔더니 야들아 너들 여놔 너들 주머이에 여놔라 하며 이천팔백만원, 농협에 삼백오십만원 남겨놓은 게 있었다

　또 봄이 와서 갔더니 엄마는 산기슭마다 산벚꽃 꽃잎을 붙이고 더러 개복숭아꽃 핑크빛을 점점이 뿌리고 배경으

로 연두와 초록을 적절히 섞어 도배를 해놓고는 신방을 꾸미고 있었다 우리 엄마 바람난 거 맞네 연애도 잘 따져가며 할걸 아마

눈꼽째기창에 대하여

눈꼽째기창은 한옥의 여닫이 방문에 달린 작은 창이다
경북 안동 풍산읍 상리2리에 체화정이라는 정자가 있는데
보물로 지정된 이 정자에 가면 눈꼽째기창을 볼 수가 있다
창문을 눈곱만큼 작게 만들었다고 해서 눈꼽째기창이라고 하는데
방문 전체를 열지 않고 창문 안에 눈곱만한 창을 달아
밖을 빼꼼히 내다보도록 만든 것이다
열두어 살 무렵 나는 체화정에 친구들과 놀러간 적이 있는데
그때는 아무도 눈꼽째기창에 대하여 말해주지 않았다
어른들은 체화정 연못 속에 사철 물이 솟는 소(沼)가 있다고 했고
이 소에 발을 잘못 들였다가는 빠져나올 수 없다고 했다
연못에서 솟아오른 물은 도랑을 통해 우리 가게를 지나는데
아버지는 여름이면 족대로 좁다란 도랑을 오가는
팔뚝만한 붕어와 메기와 뱀장어를 건져올렸다
내륙의 뱀장어가 알을 낳기 위해 먼 필리핀 앞바다까지 간다는
놀라운 사실을 안 건 얼마 되지 않는다
체화정 당호 안쪽에 걸린 담락재(湛樂齋)라는 현판이
조선의 풍속화가 단원 김홍도가 이곳에 들러 남긴 글씨라는 것을

알게 된 것도 유홍준의 『나의 문화유산답사기』를 읽은 후였다
어른들은 이 정자의 주인장이 김홍도 일행에게
정성을 다해 주안상을 내놓았을 거라는 말도 해주지 않았다
나는 열두 살이었고 1972년이었고 유신이 무엇인지도 몰랐고
산토끼 토끼야 어디를 가느냐 10·17 유신은 김유신과 같아서
깡충깡충 뛰면서 어디를 가느냐 삼국통일 하듯이 남북통일 하지요
가사를 바꾼 노래를 부르며 연못에 돌을 던졌을 것이다
어느 해 체화정 보수공사를 할 때 목수였던 외할아버지가
자전거를 타고 오셨다는 말을 엄마한테 들은 적이 있는데
그렇다면 눈꼽째기창의 부러진 문살을 외할아버지가 수리해서
방문의 눈꺼풀에 눈곱이 지금도 붙어 있는 것인가 싶고
눈꼽째기는 눈곱을 속되게 부르는 눈곱자기가 변한 말이라는 것도
최근에 알게 되었는데 이 지방에서는 찢는다는 말을 쨴다고 하니
눈꼽째기창은 눈곱만큼 창호를 째서 만든 창일까 싶기도 하다

여하튼지 간에 이 정자의 주인은 겨울에 큰 문을 열지 않고
이 눈꼽째기창을 열고 바깥에 누가 왔는지
눈이 내리는지 내리지 않는지 바라보았을 것이다
눈꼽처럼 작은 창을 살짝 열고 한여름에 연못에 연꽃이 피었는지
배롱나무꽃이 얼마큼 칭얼거리며 피는지 소리를 들었을 것이다
바깥쪽이 궁금해서 만든 창 눈꼽째기창
안쪽의 따스한 공기가 눈곱만큼만 빠져나가게 만든 창 눈꼽째기창
나는 아직 한 번도 눈꼽째기창을 열고 밖을 내다본 적이 없는데
혹시라도 그럴 기회가 생겨 방안에서 눈꼽째기창을 열면
그리로 조붓하게 드나드는 바람도 입김도 눈곱만해질 것 같은 것이다

먼 데

자주 변하는 감정처럼 단풍이 입술을 실룩거리더니 겨울이 왔어요
당신이 북쪽으로 갔을 거라는 말은 그때부터 보자기에 싸서 여며두었고요
바깥보다 안이 차가운 계절이 몇 번 지나도록 사라져가는 지평선에 눈썹을 얹어두고 살았어요
어쩌다 빈 논에 낀 살얼음을 밟으면 당신이 사탕 깨물어 씹던 소리
산밭치의 찔레 열매는 나 대신 울다가 붉어졌고요
내가 찔레꽃을 보는 날이 와도 당신은 폭설을 보겠지요

4부
자작나무들은 먼 북쪽을 가리켰다

북산

　북산은 함경남도 장진군 중남면과 장진면에 걸쳐 있는 해발고도 2,070미터의 산이다 장진(長津)은 백석이 함흥에 살 때 장진 산골 날여멕이 바람이 강물을 스쳐와 희미한 선미(仙味)가 구름 우헤 떳구나 하고 생각했다는 그 장진인데 그가 노루 새끼를 만난 장터에서도 장진 땅이 지붕 넘어 넘석하는 거리라고 한 오지다 북산은 부전고원의 남쪽에 있다 부전고원은 개마고원의 서쪽에 있으므로 북산은 그러므로 한반도의 지붕이라 해도 되고 백두대간의 왼쪽 어깨뼈라 해도 좋겠다 북산에서는 벼농사를 지을 수 없으니 거머리나 벼메뚜기를 구경하기는 힘들 것 같고 감자밭이나 옥수수밭을 둘러싸고 있는 산중에 늑대 우는 소리는 들릴 것 같다 함흥에서 북산을 가려면 북산의 동쪽 부전호반까지 연결된 송흥선인가 신흥선인가 하는 철도를 이용해야 하는데 함흥역 가담역 부민역 장흥역 영광역 풍상역 천불산역 신흥역 동흥역 경흥역 송하역 송흥역 부전령역 함지원역 도안역 부전호반역 그 이름들을 따라가다보면 역사는 기어이 낙엽송이나 가문비나무 숲속에 있을 듯도 하다 철도의 일부 구간은 급경사 때문에 인클라인 장치를 설치했다 하는데 조선민주주의인민공화국에서는 쇠밧줄철길이라 부른다 산꼭대기에서 늘어뜨린 쇠밧줄이 산허리 경사면에서 쩔쩔매는 기차를 끌어당긴다는 것인지 기차와 기차를 연결한 쇠밧줄이 아래쪽 기차를 끌어당긴다는 것인지 나는 당최 알지 못하고 알지 못

해서 북산, 북산, 하면 참 아득하기도 하다는 생각을 한다

북당

　뒤뜰에 널찍한 계단 모양으로 단을 만들어 화초를 심어 가꾸는 정원이 있는데, 이를 화계(花階)라 한다 뒷산의 경사면을 완만하게 깎아 조성한 이 화계는 궁궐에도 있고 여염집에도 있다 우리나라에서는 왕비의 처소인 경복궁 교태전(交泰殿) 뒤뜰의 화계가 대표적인데, 여기서 교태는 크게 합하고 소통한다는 의미다 이를 여인이 아양을 부리는 태도를 가리키는 교태(嬌態)로 잘못 이해하는 심사도 이해하지 못할 것은 없는데, 상스러운 데가 있다 왕이 침전에 들지 않는 북쪽 내전(內殿)의 고독한 심정 또한 살구나무 아래 그늘 보듯 짐작하고도 남는다 일반 가정에서는 어머니의 처소를 북당(北堂)이라 한다 이 북당을 오해하여 북로당(北勞黨)으로 부르는 북조선노동당(北朝鮮勞動黨)을 떠올리면 곤란해진다 1946년 평양에서 결성된 정당과 어머니는 아무 관계가 없다 우리 어머니는 한국전쟁중에 배운 〈김일성 장군의 노래〉를 임종 직전까지 기억하고 있었는데, 이 여인은 백두산 영봉에 태극기 날리고 북진 통일을 완수하자는 말을 내게 해줬던 분이다 나는 어머니 거처 북당 뒤뜰에 원추리를 심고 꽃대의 가장 높은 곳이 어머니의 눈썹에 걸리도록 하고 싶었는데, 이는 이루지 못하였다 어머니는 원추리 새순이 한 뼘쯤 자랐을 때 끊어 끓는 물에 살짝 데쳤다가 찬물에 담가두고 몇 시간 지난 후에 꼭 짜서 조선간장과 들기름과 다진 마늘로 양념해 통깨를 뿌려 상에 내놓았는데, 알고 보니 이는 멀리서 온 원추리였다 이 원추리는 도처에 흔하지만 옷차림이 단정하지 못하고 씀씀이가 헤퍼 보인다 우리 산에 사는 단정한 원추리는 해방 전에 일본인 식물학자 나카이 다케노신이 학계에 발표하면서 백운산원추리로 명명했는데, 예천 보문산 자락 호골에 들었다가 한 뿌리 캐온 적이 있다 이는 임산물 불법 채취 행위에 해당하는데, 나는 북당이 없고 뒤뜰은 있는데 북당의 뒤뜰은 없다

꽃씨와 나

꽃씨를 땅에 묻고 어디에다 묻었는지 잊어버렸습니다

꽃씨는 무덤 속의 부장품이 되어버린 겁니다

꽃씨가 바깥을 잊어버렸다면 더이상 골칫거리가 아닙니다

꽃씨는 신분을 잊고 쌓아둔 재산을 잊고 녹슬어가는 중일까요

꽃씨가 세상의 파란을 보지도 듣지도 못하는 건 얼마나 다행인지요

꽃씨가 만약에 땅속에서 사투를 벌이고 있다면 상황은 달라집니다

꽃씨를 구하기 위해 해마다 봄이면 발굴 조사가 시작되겠지요

꽃씨는 칼이 되고 청동거울이 되고 목선이 될 수도 있습니다

꽃씨가 백 년 동안 숨을 참고 있다면 믿겠습니까

꽃씨와 상관없이 국경이 바뀌고 문명이 쇠락한들 어떻겠습니까

꽃씨가 나를 잊지 아니하여야 하고 나 또한 꽃씨를 잊지 아니하여야 합니다

별서(別墅)

배롱나무가 손을 연못에 담가 물을 퍼올리네
연못에는 발목을 끌어당긴다는 소(沼)가 있지마는
나무는 매끈하게 몸을 씻고 물속으로 걸어들어가네
천지에 초록을 펼쳐놓은 다음 홍등을 내걸고
불이 꺼지면 다시 등을 분주히 달면서 부풀어지네
저 백 일 붉다는 꽃에게도 사나흘은 파란이 있었으리
한 꽃이 수면에서 뛰어올라 가지 끝에 달라붙네
그러자 또 한 꽃이 덩달아 뛰어오르느라
연못에는 발 딛는 꽃들이 찍어놓은 발자국들이 와자하네
때로 번개가 찢어진 수면을 꿰매려고 달려들었지마는
가련하고 무례하고 성의 없는 호통은 밀쳐두었네
평생 꽃을 달고 싶으면 꽃자루나 되라지
나는 연못을 움켜쥔 저 배롱나무의 밑동처럼
봉당에 널브러져 비천하게 늙어갈 궁리를 하네

내성천 흰목물떼새 부부에 대하여

흰목물떼새 부부는
자갈밭에 낳아둔 알이 서러웠다

내 그림자를 보고 십 미터쯤 높이의 허공을 도려내며 다급하고 둥글게 울었다

멀구슬나무의 이사

전남 장흥에 갔다가
과하게 욕심을 내서
이대흠에게 멀구슬나무를 좀 캐달라고 부탁했다
남쪽 해안과 제주도에는 시장 입구의 만원짜리 월남치마처럼 많은 나무
우리 동네에는 없는 나무

수형이 멋지지도 않고
제멋대로 가지를 뻗는 불량 청소년 같아서
목수들이 탐을 내지도 않는 멀구슬나무

5월에 제주 가서 그 꽃 보지 못했다면 항공료와 시간 괜히 헛되게 쓴 거지
아무리 말해도 눈이 어두운 사람들 유채꽃만 보고 오더군

묵정밭에 씨앗이 떨어져
키가 허리께만큼 자란 멀구슬나무를
이대흠이 삽으로 캐는 것을 지켜보고 있었다
뿌리가 옆으로 길게 뻗어 있었다

이놈들이 겁나 빨리 큰다요 해가 다르게 쑥쑥 자라다가
때가 되면 성장을 멈추는 거 같아요 철이 드는 것이제

덕분에 철이 덜 든 멀구슬나무 대여섯 뿌리를 얻었다

태안 천리포수목원에도 자란다니까
거기하고 예천 우리집의 위도가 거의 비슷하거든
데리고 가서 잘 키워볼게 애 꽃 피우면 꽃 보러 와
까르륵까르륵하고 꽃이 필 거니깐

그리하여 멀구슬나무는 천리를 북상해서
경북 예천군 호명읍 황지리에 도착했다
2024년 10월 25일이었다
정처 없이 북쪽으로 온 건 아닌데
문득 산 설고 물 선 곳에 와서
멀구슬나무가 이곳이 최북단 유배지 같다고 생각하면 어쩌나
슬슬 걱정이 밀려오는 것이었다

바람 드물고 볕 잘 드는 자리에
멀구슬나무를 심으며
멀구슬나무의 몸을 볏짚으로 둘둘 감싸주며
이분의 시중을 잘 들어야겠다고 생각하고는 그만 서러워졌던 것이다

멀구슬나무도 아닌

내가 왜 도대체
과하게 욕심을 내서

운포구곡가(雲浦九曲歌)*

눈이 쌓이면서
숲의 발등에서부터 불이 붙기 시작했다

산 첩첩 백두대간 봉우리들 골짜기에 절 한 채씩 지으려고 기둥을 올리는 중이다

보기 좋다, 보기 좋은 것은 그냥 봐요
카메라가 큰 나무를 찍으면 나무가 말라죽고
사진 찍히면 혼이 빠져나간다 했어요

적설량 따위 가늠하지도 않고 눈썹 밑에 턱 아래 겨드랑이에 발등 아래 엮다 만 돗자리처럼 눈을 깔아두고

강물은 남하했다

문수산에서 급히 달려와 이마가 영지산에 닿자 다들 두통이 일어 몸을 크게 비틀었는데 잠시 쉬어가라 했다 지포(芝浦)라 했다
금광리 동호마을 부근에서 넓은 모래톱을 펼쳐놓고 영지산과 달봉산 산봉우리도 세워놓고 잠시 쉬는데 동저(東渚)라 했다
얕고 긴 여울이 비단을 깔아놓은 듯 아름답고 먹황새 우는 소리가 들리는 곳에 들렀더니 금탄(錦灘)이라 했다

다시 몸을 비틀자 가랑봉의 절벽이 뛰어내렸고 이에 놀란 자라가 물가에서 몸을 말리다가 오줌을 지리는 탓에 지명을 물으니 구만(龜灣)이라 했다

　영주시 평은면 금광부락을 지나는데 밤낮으로 소실댁 문간 드나들던 구름이 뒷짐을 지고 어슬렁거렸다 운포(雲浦)라 했다

　놋점부락 앞에서 어깨가 넓어지고 아랫도리에 털이 생기고 발걸음이 화살처럼 빨라졌고 부석바위 밑에 깊은 소가 생기더니 전담(箭潭)이라 했다

　용혈리 미림(美林)마을 앞에서 크게 한번 휘돌고 안동시 북후면 월전리 직곡마을을 지나는데 절벽 바위에서 별안간 폭포가 쏟아졌다 용추(龍湫)라 했다

　미림마을에서 녹동으로 가는 길목 강변에 아름드리 솔숲이 무성하고 어스름이 찾아올 때쯤 모래가 금빛으로 반짝였는데 송사(松沙)라 했다

　용혈2리 그러니까 불갱이마을 앞이었는데 봄날 벼랑의 진달래가 물위에 얼굴을 비춰보려고 하다가 그만 푸른 치마를 떨어뜨리고 만 곳을 지나게 되었는데 우천(愚川)이라 했다

물에 잠긴 지명,
물의 장례가 끝난 뒤에도
눈발은 제 뼈를 빻아 뿌리면서 묘지의 면적을 늘렸다

불타는 숲의 목덜미가 퉁퉁 부어올라 있었고

길을 잃어보지도 않고
길을 잃으면 안 된다고 가르쳤어요

발끝을 모래톱에 문지르고 문질러 속정이 드는 일을 그
리워하였으나
그리하여 탈속하기를 바랐으나
굽이굽이
여울이 되어
불러야 할 노래가 되고 싶었으나

입을 다물었다, 강물은
꺼낼 슬픔이 없었다

지붕 위에 쌓이는 진눈깨비가 무거워
십리 밖 민박집은 불이 꺼졌다

* 조선 중기의 문신 장위항(1678~1747)은 만년에 영주에 살면서
내성천의 절경을 노래한 「운포구곡가」를 지었다. 내성천의 상류를
막아 영주시 평은면에 영주댐을 만드는 바람에 그가 노래한 운포구
곡은 대부분 수몰되었다.

뒷목덜미
—황재형 선생님께

  석탄가루 까맣게
  내려앉은 뒷목덜미

  지하 육백 미터를 매일 뒷목덜미에 얹고 갔다가 온다 했지요

  당신의 등짝으로 허리로 엉덩이로 사타구니로 허벅지로 장딴지로 참혹하게 흘러내린다는 검은 물, 몸에 물을 끼얹는 저녁이면 갱도를 서리서리 감고 와서 욕실 바닥에 풀어놓는 소리, 전기가 나갔다 했지요 하마터면 시커멓게 젖은 채 다시 죽을 뻔했다고 까맣게 웃어서 앞니는 하얗고

  비누칠을 해도 떼어내지 못한
  그믐달 같은 뒷목덜미

  쓰다듬으면 손바닥이 불에 델 것 같아서 와락 끌어안으면 뜨거워질 것 같아서 그러지는 못하고

  육십 촉 전등 아래서 삼겹살을 굽겠어요
  멀리서 검은 골짜기에서 새가 울고
  망측하게도 홀딱 벗고, 홀딱 벗고 운다는
  저 새 이름이 뭔지 아느냐 물었지요

그날은 검은등뻐꾸기가 비계 기름에 구운 김치를 삼키던
밤이었어요

적막강산
—이동순의 『강제이주열차』를 읽고

1
며칠 동안 눈은 그치지 않았다
당신이 내게 쌓여 나는 당신을 밀어낼 수 없었다

우리에게는 나란히 누울 방이 없었다
뱃속에 아이를 가지게 되었다는 걸 알게 된 날도
우리는 승려였고, 어두워질 때까지 눈이 내렸다

내 어깨에 내린 눈을 털어주는 당신에게
눈 녹은 물로 쌀을 안치고 밥상을 차려주고 싶었다
눈은 처마끝에 매달렸다가 마당귀에도 한 자 넘게 쌓이고 있었다
얼음 첩첩 계곡이 몸을 풀면 하산하겠소마는
당신은 장작을 패다가 돌아앉아 울었다

스물네 살이었다, 당신은

2
기차는 서쪽으로 가고 있었다
눈보라가 꾸역꾸역 따라가고 있었다

화물칸에는 눈사람들이 빼곡하게 적재되어 있었다

나는 목이 말랐다 당신은 밤마다 내 발가락을 쓰다듬었다 발가락 사이 붉은 화상자국을 떼어내려고 하는 것 같았다 나는 당신을 따라가며 당신을 자꾸 밀어냈다 창문이 없는 화물칸은 화장실이 없었고 하루에 한두 번 기차가 멈출 때마다 철로변에 무덤이 늘어났다 눈을 쓸어모아 눈사람의 봉분을 만들었다 지평선은 목숨을 받아먹고도 태연하였다 나는 너무 오래 살아서 당신 옆에 붙어 있는 거라고 생각했다 어느 한적한 역에 하얗게 내려앉고 싶었다 내가 떠나려고 하자 당신은 낡은 코트를 열어 눈 내리는 산맥을 꺼내 보여주었다 사냥을 떠난 당신이 멧돼지를 잡아 돌아오고 있었다 계곡물로 내장을 씻는 당신의 손은 민첩하였다 목구멍이 까끌까끌해지도록 눈이 많이 내리고 있었다 나는 이틀을 당신과 서쪽으로 이동한 뒤에 다시 편하게 죽을 수 있었다

　가을에 출발한 열차는 겨울이 되어 카자흐스탄에 도착했다

3
그들은 당신에게 편지를 쓰라고 했다
폭설이 몰아치는데 봄날, 이라고 쓰라고
나는 눈을 감고 귀를 막고 혀를 깨물고
사는 일이 눈발의 행로와 다를 바 없다고 생각했다
그들은 내 머리채를 휘어잡고
발가락 사이에 불이 붙은 심지를 끼워넣었다

붓을 쥐여주고는 쓰라고 했다
당신에게

그리하여 당신에게 한 자 올립니다

  마음이 마음을 만나는 일은 몸이 몸을 만나 타오르는 일만큼 화사하지 않으나 당신에게 내 마음을 보이고 당신이 내게 마음을 보여주시는 동안은 참으로 행복했습니다 아버지라고 부를 사람이 여섯 해 지나도록 곁에 없었으나 아이들은 해마다 감자알처럼 굵어졌지요 이별은 발뒤꿈치 굳은살처럼 아프지 않았어요 내가 살아 있다는 말도 거짓이며 내가 죽었다는 말도 거짓일 것이니 당신은 그 어떤 회유와 책략에도 굴하지 마세요 부디 폭설을 인솔해 산을 넘고 등성이에 붉은 깃발을 꽂는 일에만 전념하시기 바랍니다 우리는 아무도 모르게 사랑했으므로 죽고 사는 일도 아무렇지 않게 여겨야 한다는 거 잘 알아요 이내 머리카락 잘라 미투리 엮어 보내오니 가끔 그립거든 한 번씩 눈길을 주세요 혹여나 제 꿈에 오시려거든 노를 저어 쉬엄쉬엄 오시지 말고 두꺼운 얼음장 위에 눈 내리는 날 단숨에 달려와주시기를 바라며 이만 적습니다

4
한 떼의 자작나무가 산을 오르고 있었다

발목이 눈에 푹푹 빠지는 산비탈이었다
넘어질 듯 넘어질 듯
따라가는 어린 자작나무도 있었다

나는 간신히 그들의 뒤를 쫓아가
어디로 가느냐고 물었다
자작나무들은 먼 북쪽을 가리켰다

북벌

 성상께서는 북으로 향하는 마음을 거두시지 못하고 전차를 앞세워 북을 먼저 치는 게 상책이라 하셨습니다마는 사람이 쓰러지면 풀도 멍들면서 비린내를 풍깁니다 눈 내리는 영토가 줄어들어 걱정이라 하셨습니다마는 들녘에 쟁기를 대던 사내들이 변방으로 나가면 무논에 써레질소리 누가 문지르며 모내기 철에 모판은 누가, 새참은 또 누가 나르겠습니까 궁궐을 과녁으로 삼겠다는 자들이 두려운 게 아닙니다 엎드려 구차하게 상소를 올리는 까닭은 신의 몸을 애석하게 여겨 헛간 구석의 거미처럼 살아남으려고 하는 것도 아닙니다 가문 묵지(墨池)에 가랑비 대신 붓을 서둘러 찍어 글씨를 쓰고자 하는 그 성급한 심사가 나라의 일을 그르치게 할 수 있습니다 신은 사마귀에게 앞발을 쳐들고 수레를 막으라 하는 그 황당한 구상이 실로 경악스러울 따름입니다 성상께서는 강남의 부동산 갑부들에게 종부세를 부과해 군포를 거둬들이고 그 자식들에게 빠짐없이 병역을 부과해 먼저 군대를 튼튼히 양성하는 데 진력하시기 바랍니다 병력을 확보하는 일은 잇몸을 튼튼히 하는 일이니 그다음에 고기를 씹든 돌을 깨물든 북을 치든 해야 합니다 이도 저도 없이 군사를 일으켜 국경을 넘겠다니요 무릇 싸우지 않고 이기는 길이 있으며 소리지르지 않고 상대를 제압하는 길이 있다고 배웠습니다 소신은 겉으로 내보일 것과 속으로 감추어둘 것 사이에 제대로 된 문장이 있다고 생각합니다 하늘을 친다고 땅이 울지 않으며 땅을 때

린다고 하늘이 고분고분해지는 것은 아닙니다 어찌 그리도 모르시나이까?

서릿고기

경남 함양 읍내
어탕국수를 잘하는 조샌집에 가면
서릿고기라는 메뉴가 있지요

당신이나 나나 한 번도 입에 대본 적 없지만
메뉴판의 서릿고기, 네 글자 때문에
당신이나 나나 사랑해야겠다고 한 번도 열망을 품은 적 없지만
서로 생각한다는 것 때문에 서러운 날들이 있었지요

된서리가 내린 뒤에 물 맑은 계곡에서 잡아온다는 서릿고기
겨울에 코끝이 쨍해진 뒤에 먹는 서릿고기
물이 차가워지면 먹이를 먹지 않아 뱃속이 깨끗하다는 서릿고기
배를 따지 않고 채소와 초고추장과 함께 양푼에 비비면 무채 속에서 파닥거리며 빠져나오는 서릿고기
서리처럼 비늘이 반짝이는 슬픔을 뼈째 먹는다는 서릿고기

피라미들이 내 입술을 마구 비비네
이 잘쏙한 허리 좀 봐라
사내들이 소주에다 서릿고기를 주문해 먹던 저녁이었지요

모여서 오래 머리 맞대고 상의하고 떠들고 싸우는 이유가
뿔뿔이 흩어지기 위해서라는 걸
모르는 척하면서

피라미떼처럼
당신과 나도 그랬지요

그러니 우리, 라는 말은 하지 말아요
서로 이름을 불러보기만 해도
혀 밑에 연애의 침이 고일 때가 있잖아요
마당에 서늘하게 쏟아지는 저 눈송이를
그 서릿고기라고 적고 싶을 때가 있잖아요

화성 서쪽

한반도의 배꼽

지치거든
화성으로 가자요

서해가 한반도의 배꼽에 충전기 플러그를 꽂는 곳

사랑하는 일이 버겁고
미워하는 일이 괴롭거든

화성 서쪽으로 가서
당신의 배꼽을 만지고 싶었다고 말하자요

매향리

해당화 꽃잎이 찢어지고
모래밭을 기어가던 갯메꽃 허리가 부러진
매향리

저녁이면 미군 전투기 대신 노을의 폭격이 아름다워라

저어새 노랑부리저어새 큰뒷부리도요 중부리도요 민물도요 마도요 꺅도요 알락꼬리마도요 청다리도요 붉은어깨도

요 좀도요 검은머리갈매기 쇠제비갈매기 개꿩 혹부리오리
황새 흰물떼새 검은머리물떼새 알락할미새 흰뺨검둥오리
쇠물닭 물닭 중대백로 쇠백로

 갯벌에 포탄 대신 내려앉는
 철새들의 소란스러운 저녁은
 오래 거기 있어라

궁평항

  궁평항에 가면 노을을 이만원어치 정도 사고 싶다고 찾아
다니다가 대체 노을을 파는 사람이 이 세상에 어디 있느냐
고 퉁을 들은 뒤에 그럼 송림을 빠져나온 바람소리 칠천원
어치와 갈대꽃을 오천원어치 사고 싶다는 생각을 한나절 하
다가 저녁이 오면 망둥어 낚시하는 사람들이 즉석에서 망둥
어 회를 쳐서 초고추장에 찍어 먹을 때 딱 한 점만 얻어먹고
소주도 한잔 얻어먹고 집으로 돌아와도 좋으련만

제부도

 제부도에 들어가려면
 달에게 물어보고 가야 한다
 하루에 두 번

달이 바다의 굽을 높이는 때가 언제인지를

물때를 모르고 제부도에 들어갔다면
바다의 뒷굽이 닳을 때까지
해변에서 달을 바라보면 된다

송산포도

그늘을 만들려거든
포도나무 그늘만큼만
간섭하지 말고
원망하지 말고
포도나무 그늘 딱 그만큼만

공생염전

소금이 온다
소금이 순식간에 온다
소금이 바다를 끌어당기며 온다
소금이 바다의 새끼들을 놓아먹이며 온다

소금이 온다는 말은 분주하고 자글자글하고 반갑고
소금이 온다는 말은 신열이 나고 퍼질러앉아 있을 수 없

어서

소금이 온다

상심

조용필의 〈바람이 전하는 말〉이라는 노래가 있다
김희갑 작곡, 양인자 작사의 그 노래
이십대 중반쯤 나는 이리중학교 교무실에서
대통령 각하 지시 사항을 교무 수첩에 받아 적으며
속으로 흥얼거렸다
타버린 그 잔 속에 숨어 있는 불씨의 추억
여기가 무지 좋았다
헤어지면 둘이 나누던 술잔을 다시 나눌 수 없으니
그 잔은 타버린 것이다, 아, 정말 좋았다
타버린 그 잔 속에 숨어 있는 불씨의 추억
노래는 없고
가수만 있던 시절이었으므로
가사의 비유가 적어도 이쯤은 되어야 한다고
생각했다. 북괴가 서울을 통째로 침수시켜
88올림픽을 방해하려 한다는 뉴스가 연일 흘러나왔고
평화의 댐 성금을 내야 한다고
종례 때 말하고 나서도 타버린 그 잔 속에
숨어 있는 불씨의 추억이 좋았다
수십 년 동안
타버린 그 잔을 생각하며 술잔을 비웠다
그러다 어느 날 침수되고 말았다
타버린 그 잔 속에 숨어 있는 불씨의 추억이
타버린 그 재 속에 숨어 있는 불씨의 추억이라는 것을

알게 되었다, 내가 무너지는 것 같았다
절정 부분에서 조용필의 목소리가
재를 잔으로 만들었다는 것을
그 재 속에 숨어 있는 것을
그 잔 속에 숨어 있는 걸로
내가 잘못 알고 있었고
나는 상심했다
타버린 그 잔 속에 숨어 있는 불씨의 추억은
꺼져버리고, 나는 세상을 한 바퀴 돌아와
물이 빠져나간 서울을 바라보는 탕아처럼 허허로웠다
나는 상심한 나를 붙들고 노래를 불러주며
달랠 수밖에 없는 처지가 되었다
착한 당신 속상해도
인생이란 따뜻한 거야

빵 굽는 여자*

내 입속으로 들어오던
당신의 혀는 건조했어요
나는 슬픔처럼 눅눅하게 당신을 사랑했어요

좋아하던 것들에게 붙여놓았던
눈망울을 떼어내
오늘 아침에 새로 구울게요
쟁반에 소스 같은 새소리도 한 스푼

내 손으로 빵을 만들면
내 손은 당신의 입에 닿고
내 손은 당신의 항문까지 이어져요

밀가루가 내 손을 거쳐
당신에게 가듯
반죽이 내 손을 거쳐
당신에게 가듯

당신은 빵이 아니라
나를 입에 넣었죠
당신이 나를 불러준 덕분에
나는 당신의 몸이 되었고요

오늘은 처음으로
빵을 완성하지 못했어요
사라진 내 손을 찾지 못했어요

미안해요
피 묻은 빵을
당신에게 보낼 수 없는 날이에요

* 2022년 10월 평택의 한 제빵 공장에서 이십대 초반 노동자가 샌드위치 소스를 배합하는 기계에 끼여 숨진 사고가 있었다.

거의 없는 아저씨

 골짜기 안쪽에 혼자 살았다 새소리가 잘 들리는 골짜기였다 아저씨가 새들을 풀어놓고 키우는지도 몰랐다 슬레이트 지붕은 아저씨의 키보다 낮았고 어깨보다 좁았다
 이름은 모르고, 장씨였다 누군가 저기 장씨 오네, 말을 꺼내면 순식간에 눈앞에 장화 신은 아저씨가 절벽처럼 서 있었다
 한두 달 멀리 일을 다녀왔다 하루에 얼마를 버는지 말한 적도 없다 어느 날 내게 말했다 먼 데 가서 터널을 뚫는다고, 그 말을 비밀처럼 간직했기 때문에 아저씨와 가까워졌다
 숨겨둔 아줌마는 없느냐고 물었다, 가는 비 안 붙잡고 오는 비 안 밀어내, 잇몸 보이며 웃더니 손끝으로 청개구리를 잡았다 입에 넣어 삼켰다 이거 좋은 단백질이지 그 이후 그의 단백질은 내게 와서 목안에서 꼼지락거렸다
 아저씨는 마을 일에 일절 간섭하지 않았다 마을회관에 밥 먹으러 오는 일도 없었다 마을에서 정해놓은 규칙들을 알지 못했다 다 의미 없어, 대답은 그뿐이었다 아저씨를 닮은 사람은 마을에 아무도 없었고 그도 시래기 다발처럼 엮이는 걸 싫어했다
 주눅들지 않았기에 외롭지 않았다 가끔 비 오는 날 골짜기 안쪽 집에서 불빛이 흘러나올 때가 있었다 빗소리가 찾아와 하룻밤 아저씨와 자고 간다고 생각하였다 그다음날은 빨랫줄에 빤쓰를 널어놓은 게 보였다
 어디서든 끼어들지 않았다 혼자서도 먼 데까지 잘 가는 길

같았다 터널이란 길에게 길을 내주는 일이었으니까

　아저씨는 목이 마르면 대문을 벌컥 열고 들어왔다 한번은 밤에 팔뚝만한 잉어를 잡아 들고 내민 적도 있었다 또 한번은 툇마루 끝에 앉아 바짓단에 붙은 풀씨들을 떼어내던 아저씨, 풀씨들이 마당 잔디밭에서 이구동성 자라나면 어쩌나, 나는 옹졸하게 아저씨를 미워하였다

　있는 듯 없는 듯 살던 마을에는 거의 없는 아저씨

잔설*

1

1951년 1월 19일 오전이었다.

경상북도 예천군 감천면 진평1리 도평마을 상공에

미군 제6147전술통제항공대 정찰기 한 대가 저공비행을 하였다.

학가산과 내성천 일대 인민군을 찾기 위해 미군은 대게릴라전 합동 수색 작전을 진행하고 있었다.

흰옷 입은 마을 사람들은 정찰기 바퀴를 올려다보았다.

오후 1시경부터 미군 폭격기가 날아와

별안간 마을을 대대적으로 공격하기 시작했다.

4대의 F9F, 13대의 F4U와 1대의 AD 폭격기가

네이팜탄을 투하하고 기총소사를 퍼부었다.

뒷산에서는 김종학의 가족들이 장사를 지내고 있었고 벼를 타작하는 집도 있었고 여자들은 삼삼오오 남숙희의 집에서 길쌈을 하고 있었고 벌방리에서 피난 온 아이들은 마당을 뛰어다니고 있었다.

인민군은 마을에 단 한 명도 없었다.

흰옷에 구멍이 뚫리고

그 구멍으로 피가 흘러내렸다.

2

이홍수(여, 39세)는 오르골댁이라고 부르는 유시원의 어머니다. 죽었다.

유순름(여, 10세)은 호적명이 유시목인데 오르골댁의 딸이다. 죽었다.

유순이(여, 7세)는 호적명이 유시연인데 오르골댁의 딸이다. 죽었다

유시해(남, 5세)는 오르골댁의 아들이다. 죽었다.

부녀자들과 길쌈을 하던 오르골댁은 아이를 업고 있었는데 폭격을 맞아 목 아래쪽에 총을 맞고 고꾸라졌다. 그것을 본 정재용(여, 13세)은 도망을 가다가 오르골댁의 배를 밟고 넘어가 변소로 숨어들어 앉았는데 그곳으로 오르골댁의 아들 유시원이 따라 들어왔고 네 엄마 죽었다고 말하자 알고 있다고 했다. 정재용은 폭격으로 변소 지붕이 날아가자 거기서 나와 방공호 파놓은 곳으로 뛰어들었는데 그곳에 있던 김시년(남, 26세)은 머리카락이 그을은 정재용의 솜옷에 붙은 불을 꺼주었다.

유시원(남, 13세)은 변소에서 나와 자기 집 부엌으로 숨어들어갔다 그곳에서 폭격으로 죽었다.

이름 미상(여, 32세)의 여자는 김순문의 아내며 김창일의 어머니인데 출산을 앞둔 산달이었다. 죽었다.

김창일(남, 12세)은 폭격이 시작되자 아버지가 불러서 가

던 중에 등에 기관총을 맞고는 옆에 있던 이종연(남, 16세)의 몸 위로 쓰러지면서 죽었다. 이때 이종연은 허리가 꺾였고 다리에 파편을 맞았으며 고막이 터졌다.

김창옥(남, 미상)은 김창일의 동생이다. 죽었다.

김아무개(남, 1세)는 태어나기 직전 어머니의 뱃속에서 죽었다.

이름 미상(여, 30세)의 여자는 최동희의 어머니다. 담배 건조실에서 죽었다.

최동희(남, 미상)는 어머니와 여동생과 같이 있다가 죽었다.

최점예(여, 5세)는 최동희의 여동생이다. 같이 죽었다.

이종연은 담배 건조실이 폭격으로 무너진 뒤 최동희 가족이 폭격을 맞고 꾸물거리고 있는 광경을 직접 목격하였다. 김시년은 벼 타작을 하다가 사촌 증조부 김익동이 다리에 총을 맞는 걸 보고 도망다니던 중에 담배 건조실 담벼락에 숨어 있다가 건조실이 폭격을 맞자 집에 파놓은 방공호로 뛰어들었다. 그곳에 숨어 있던 자신의 아내가 옆구리에 피가 흐른다는 사실을 말하기 전까지 파편을 맞은 사실도 몰랐다.

이름 미상(여, 25세)의 여자는 안끝식(남, 26세)의 아내인데 남편이 행방불명된 이후 김창일의 집 사랑방에 살았는데 딸과 함께 죽었다.

안끝식의 딸(여, 6세)도 죽었다.

김월분(여, 미상)은 안경희의 어머니다. 폭격으로 팔이 잘려나갔는데 며칠을 살다가 죽었다.

이름 미상(여, 미상)의 여자는 강수한의 어머니다. 죽었다.

김창술(미상, 미상)은 죽었다.

김창수(미상, 미상)는 죽었다.

유수종(남, 13세)은 유호종의 동생으로 누나에게 업혀 있다가 죽었다.

전씨(여, 25세)는 죽었다.

김하규(남, 17세)는 양진의 삼촌 되는데 유세이, 유점순과 한곳에 있다가 죽었다.

유세이(여, 10세)는 유점생이라고도 부르는데 유보열(남, 18세)의 동생이다. 벌방리에서 남동생과 피난을 왔는데 업혀 있던 남동생은 살아남았으나 자신은 죽었다.

유점순(여, 11세)은 유창호의 고모인데 동생을 업고 가다가 가슴에 파편을 맞았고 동생과 같이 죽었다.

유윤이(여, 7세)는 죽었다.

최경도(남, 10세)는 최경복이라고도 한다. 벌방리 북쪽 영주시 봉현면 노좌리가 폭격을 맞자 아침에 아이들을 진평리로 피난 보냈는데 형수 유오순에 의하면 자신은 시누이 집에서 총알을 피해 이불을 덮어쓰고 몸을 피했는데 최경도는 동네 아이들하고 밖에서 놀다가 죽었다. 시신은 폭격 당일 찾지 못하고 다음날 수습했다.

유영옥(여, 8세)은 죽었다.

이름 미상(여, 4살)의 여자아이는 배원직(남, 6살)의 동생으로 샘에서 빨래하던 어머니(여, 18세)는 발에 파편을 맞았고 옆에 있던 아이는 그 자리에서 죽었다.

이름 미상(여, 2살)의 여자아이는 배원직의 동생이다. 어머니에게 업혀 있다가 까무러쳐 죽었다.

폭격 이후 미군들이 마을에 들어왔다.

그들은 인근 마을 진평2리에서 노좌리까지 모든 지붕에 불을 질렀다.

흰옷은 울지도 못했다.

2010년 행자부 과거사관련업무지원단은 이 사건이 미군의 국제법 위반 등 불법성 여부를 가릴 수 없다는 이유로 진실 규명 불능으로 규정하였다.

3
1951년 1월 19일 오후였다.
미군 폭격기는 예천군 감천면 진평1리 폭격을 마치고
예천군 보문면 산성리 마을로 날아갔다.
진평리에서 내성천 건너 20킬로미터 떨어진 곳이었다.
오후 2시 20분부터 흰옷 입은 사람들 머리 위로
네이팜탄이 투하되고 총알이 폭설처럼 쏟아졌다.
이때 동원된 35대 미군기의 폭격은 오후 3시 40분과 3시 55분에 두 차례 더 이어졌다.
이 폭격으로 51명의 주민이 죽었고
90여 명이 중화상을 입었으며 70여 채의 가옥이 파손되었다.

학가산 서쪽 바위틈

잔설의 손목이 오그라들었다.

2007년 진실과 화해를 위한 과거사진상규명위원회는 산성리 미군 오폭 사건에 대하여 진실 규명 결정을 내렸다. 위원회는 미국이 법적, 도의적 책임을 질 것을 권고했지만 미국이 사과하고 책임지겠다고 한 적은 없었다.

2010년 6월 24일 마을에 희생자 위령비가 세워졌다.

* 한국전쟁중이던 1951년 초, 험준한 백두대간 아래로 밀려내려오는 인민군을 막기 위해 미8군 사령관 리지웨이는 적의 은신처가 될 만한 곳은 지체 없이 체계적으로 파괴하라는 명령을 내렸다. 대구 비행장에서 출격한 미군 폭격기는 1951년 1월 19일 오전에 예천 진평리를, 오후에 산성리를 폭격하였다. "흰옷 입은 사람들이 많이 있다"는 그들의 정찰 보고서에도 아랑곳없이 무차별 폭격이 이루어져 진평리에서 최소 26명, 산성리에서 51명의 민간인이 목숨을 잃었다. 그 이후 한국의 노무현 정부는 과거사 진상을 규명하기 위해 조사를 벌였고 2007년 산성리 사건에 대해 미군의 오폭으로 인한 '진실 규명 결정'을 내렸다. 그런데 2010년 이명박 정부는 같은 날 같은 방식으로 폭격이 이뤄진 진평리 사건에 대해 '진실 규명 불능'이라는 다른 결정을 내렸다. 2020년 초 예천으로 귀향한 이후 나는 자료를 통해 이 사실을 알게 되었고 당시 진평리 김홍년 이장에게 권유해 사건의 재심을 신청했으나 지금까지 정부로부터 아무런 답이 없다.

산다경(山茶徑)

백운동에 숨어살던 사람처럼

백운동 오래된 서책에 앉아 늙어가는 먼지처럼

백운동 동백나무 잎을 닦는 햇살의 손가락처럼

백운동 바위를 문지르다가 쉬는 물소리처럼

백운동에 숨죽이고 우는 비자나무 그늘처럼

백운동 돌계단에 세 든 적막의 면적처럼

백운동 왕대 숲에 들었다가 가는 바람처럼

어떻게 세계를 구할 것인가

어떻게 세계를 구할 것인가
나는 의미 있는 혁명에 가담하지 못했다
밥을 벌러 다니느라 바빴다
형은 맹렬하게 책을 읽었고
배낭을 짊어지고 산정에 자주 올랐으나
물에 빠진 자신을 구하지 못했다
백지 위에 수없이 미래를 설계하고
깃발을 그리고 깃대를 깎으며
어떻게 세계를 구할 것인가
고심하는 사이
세계는 힘없이 허물어졌다
실패한 사람들은
자신이 실패한 줄 모르고
세계의 실패를 슬퍼했다
나는 내가 여기까지 온 줄 몰랐다
아침에 흰 눈썹 한 올을 발견하고서야
세계가 늙었다고
아내에게 겨우 말했다
무너진 돌담을 수리하듯
눈송이들이 몇 송이 떨어지더니
이내 거칠이지기 시작한다
순식간에 마당을 비우는 눈보라
자작나무 옆구리를 문지르더니

읍내로 나가는 길을 막는다
사실 세계를 구하려고 집을 나섰던 적 없었다
나는 나를 최대한 줄여서 입고
세계에 편입되려고
걷고 가끔 지하철을 탔을 뿐
나의 비천한 가계에는
사상을 구하기 위해 월북한 큰아버지도 없고
사랑을 구하기 위해 첩을 둔 할아버지도 없다
어떻게 좋은 시를 쓸 것인가
오래 궁리했으나
나쁜 시를 쓸 생각을 한 번도 하지 못했다
아무런 의미가 없는 시 한 편
써보지 못했다는 거
후회는 눈보라처럼 세차다
어떻게 나를 다시 일으켜세운다는 말인가
이 쪼그라든 심장을
이 뻔뻔하고 파렴치한 국가를
복구하고 재건하는 일에 종사하기보다는
나는 텃밭의 쪽파 위에 눈 푹푹 쌓이는 거 보고
날 풀리면 눈 삭는 거 생각하고
쪽파 캐서 파전이나 한 접시 매끈하게
부쳐 먹는 생각이나 하자
책상 위에는 책 대신

술병을 올려놓자
외딴집에서는
좀 외롭다는 생각도 하자
시의 행을 어디에서 바꿀 것인가
옹졸하게 며칠 고민하다가 답을 못 찾으면
강가로 가자
모래밭에 찍어놓은 발자국이
오목하게 입을 벌리고
말을 할 때까지 지켜보자
강물이 벼랑을 휘감고 가거든
저 혼자 가게 두고
나 혼자 강가에서
해지기 직전에 빛을 튕기는 강물을 서러워하자
긍휼히 여기소서
기도 같은 거 하지 말고
취기가 오르면
노래나 하자
세계는 눈보라가 구할 것이니
세계를 쳐들어서 어깨에 떠메고 가는
저 눈보라가 세계를 옮길 것이니
처음부터 세계는 없었으니
세계를 놓쳤다고 할 수도 없다
세계가 없었는데

세계가 보인다고 말하고
세계를 들어올릴 거라고
크게 소리치던 날들은 끝났다
눈이 그치면
고양이들이 들어가지 못하게
창고에 뚫린 구멍을 찾아 막자
사다리를 빌려와
창고를 구하자

발문

첩첩(疊疊)*
김민정(시인)

* 이 발문에서 고딕체로 된 부분은 본 시집 속 시 구절을 그대로 옮겨 쓴 것이다. 이 형식은 54쪽 「물소리를 필사하다」에서 본을 뜬 것이다. 이 글의 문장들 역시 시인의 시를 가져와 씨실과 날실처럼 엮어본 것이다. 시의 가림막 뒤에서 시인의 등뒤에서 베를 짜는 이는 입이 필요치 않고 다만 두 손이면 충분하더란 것이다.

눈발이 쏟아지면서 흰 그물을 세상에 던지는 밤

시인은 아무도 읽지 않을 이야기를 썼다 했어요.
여하간에 첫 시부터 말은 그랬어요.

백지 위에 한 줄을 썼다 했어요.
아무짝에도 쓸모없는 말을 썼더니만
더 편안해졌다고도 했어요.

골짜기 안쪽에서부터 눈이 몰려온 뒤였을 거예요.
눈송이를 받을 줄 아는 손바닥이 있어
의미 없이 녹아버릴 돌멩이들 가득하더라고
그 누구도 기억해주지 않으니 좋은 거 아니냐고
사다리를 빌려와 창고를 구하자고
하여간에 마지막 시까지 말은 그랬어요.

연못가에 앉아 제 발등을 오래 바라보는 사람.
누가 시켜서는 못 하는 일을 하는 사람.
내가 내켜야만 할 수 있는 일을 하는 사람.

아무런 의미가 없는 시 한 편을 쓰려
습한 여름 장에 나가 열무씨 이천원어치를 샀다고
동생에게 자랑했으나 보여주지는 않는 사람.

실은 술을 먹다 열무씨 이천원어치를 잊어먹은 사람.
날마다 열무씨 이천원어치가 그리워
아침저녁으로 열무씨, 열무씨, 이름을 부르며
열무씨 안구건조증에 걸리지 않게 물을 준 사람.
열무씨 이천원어치가 없어도
열무씨를 찾지 못했다는 말을 감추면
이 세상 걱정할 것이 없다고 너스레를 떠는 사람.
없는 열무씨를 있는 열무씨로 영원히 살게 하는 사람.
열무씨 이천원어치가 사라진 '덕분'을 아는 사람.

어느 날은 꽃밭을 한 뼘쯤 돋우는 일을 생각하느라
가을을 다 보내는 사람.
꽃밭이 두툼해지면
발목이 빠진 작약은 키가 낮아질 것이지만
그것이 걱정거리인가 하면
가장 큰 근심임을 하품처럼 못 감추는 사람.

꽃밭을 높여보는 일
꽃들의 키를 높이는 일
그걸 두고 누가 쓸데없는 일이라 한다면
시인은 원래 이렇게 쓸데없는 일 하는 사람이 맞고
그렇게 아무런 의미가 없는 시 한 편을 쓰다
시의 행을 어디에서 바꿀 것인가

고민을 두고 세계를 옮길 건
저 눈보라뿐이라 하는 사람.

눈보라처럼 세찬 게 또한 후회라고
날 풀리면 눈 삭는 거 생각하고
쪽파 캐서 파전이나 한 접시 매끈하게
부쳐 먹는 생각이나 하자는 사람.
전 뒤집는 솜씨로는 질 재간이 없겠지 싶은 사람.

종일 풀을 뽑았다. 책은 손에 대지 않았다.

「물소리를 필사하다」라는 시에는
조선 중기의 문신 권문해가 쓴
『초간일기』 국역본의 일부가 나오고
책은 보물로 지정되어 있다 하니
일단 들이고 볼 심사였으나
절판이었어요.

정가 사만사천원짜리 책을
중고가 십만구천삼백오십원에 구입하고
크고 단단할수록 쉽게 들고 펼 수 없음에
절로 '쓸모'라는 단어를 떠올렸으나
쓸데없이 눈부신 게 세상에는 있다고

풀 뽑는 일이 천배 만배나 성스럽다고
이놈의 풀을 퍼낼 바가지가 어디 없나
두리번거리기에 바쁘다는 시인 앞에
나도 덩달아 바쁜 척으로나마
책의 아무 페이지를 열었을 때
"오시에 집에 도착하였다.
저녁에 염습을 하였다."
기다렸다는 듯이 나를 빤히 보던 구절에

기억할 줄 아는 사람만 아픈 거지
그 사람은 밤이 철길만큼 길 거야
시인의 이렇다 할 마음 알 것도 같고
풀어놓지 않았지만 묶어놓은 것도 없는
논바닥의 지푸라기 같은 심정을
마음이라고 부르는 것도 알겠다 싶고

풀 들었던 것인가
책 들었던 것인가
마음 들었던 것이겠지
검은 비닐봉지 하나 있어
아, 하고 입을 벌리면서부터 구겨지는
검은 비닐봉지의 발화가 내 인생 같고
검은 비닐봉지의 오해가 내 인생 같고

캄캄하니까
무얼 담아도 슬프고 축축하니까
거기가 전부인 듯 파닥거리다가
발랄하게 울다가

껌껌하니까
짓물러진 복숭아 눈자위가
울먹울먹하는 것을 이제야 아는 듯
물이 물통의 내장인 셈도 이제야 아는 듯

이제 와 부릴 수 있는 욕심의 저
북이라 하면
겨울날 식전에 아버지가 마당에서
싸리비로 눈 쓰는 소리를 이불 속에서
가만히 듣는 것이라 이제야 아는 듯

이제 와 배울 수 있는 태도의 저
최북단이라 하면
고라니가 하는 일 중에 제일 장한 일이
새끼들 물을 먹이려고 물가로 데리고 가서
혓바닥으로 물을 감아올리는 소리에
귀를 기울이는 것이라 이제야 아는 듯

검은 비닐봉지도 아니면서
어머니,
어머니는 당신을 왜 꼭꼭 묶어
서랍장에 쟁여두었던 걸까요.
다 요긴하게 '쓸데'가 있음을
입을 크게 벌려 말해본 적 없으나
꼭 대파 한 단을 사 들고 올 적에나
간신히
이런 꽃다발은 어떻노?
간신히
그 말만은 못 참은
어머니.

평생 밥을 먹었느냐고 물었죠, 엄마는

당신을 병상에 버리고
당신은 유리창 너머로 저를 버리고
버리고,
시인이 선창한 그 '버리고'라는 말.

나도 아빠를 병상에 버리고
아빠는 유리창 너머로 저를 버리고

버리고,
그 버리고란 말에 내가 버려져버린 날.

오래 죽은 척 가만히 누워 있던 당신
경북도립안동의료원 영안실에서 나와
버스 화물칸에 누워
간신히 불구덩이를 벗어나
최첨단 화장로 안으로 들어가며
엄마는 무얼 생각할까?

처음이지, 엄마?
물으면 묻어지는 걸까, 엄마?
묻고 있는 시인은
편지를 묻어본 적 있는 사람
삶의 슬픈 격류에 떠밀려본 사람이기에
시인은 엄마를 묻었다는 걸 감추려고
해마다 벌초에 나서겠구나 알겠어요.

당신의 장롱과 당신의 옷을 분리하고
당신의 부엌에서 당신의 수저를 떼어내고
면사무소에 가서 당신의 이름을 지우고
지우고,
버리고라는 말보다는 그래도 나으니까

우리는 저마다의 죄책감을 헐어
입병이 좀 나은 채로 살아가는구나 알겠어요.

가을이 가고 몇 차례 눈보라가 다녀가는 동안
사망자 상속재산 정리하러 우체국에 갔더니
야들아 너들 여봐 너들 주머이에 여봐라 하며
이천팔백만원, 농협에 삼백오십만원
남겨놓은 게 있다 하신 죽은 엄마의 말.

내게도 엇비슷하니 봄이 가고 여름이 가고
몇 차례 가을비가 다녀가는 동안
봉사 다닐 적에 메고 다니던 가방 열었더니
만원짜리 오만원짜리 달러까지 사백구십오만원
평생 왕진 가방처럼 들고 다니던 공구 상자 열었더니
우체국 수표 삼백만원, 신한은행에 백사십만원
현금 백오만원 합계 오백사십오만원
김민정 통장 하고 써놓은 죽은 아빠의 메모.

속절없이 연락이 끊긴 사람에 대하여
누구의 책임이라고 묻기 어려운 과오에 대하여
내가 그리워하면 죽는다 하더니
내가 그리워해서 죽었던 걸까요.
엄마는 아빠는 다 그렇게 죽은 걸까요.

돌들이 이 세상 아픈 데를 꾹꾹 누르며 문지르고 있는 것

시인은 마당에 연못을 들였다 했어요.
연못 위로 내리는 눈을 보고 있다 했어요.
죽은 사람인 척 흰 천을 머리끝까지 덮어쓴
연못 속으로 돌 하나를 던져보겠다 했어요.

연못을 덮은 얼음장 위에
얼음장을 덮은 눈 위에
돌 하나

얼음장을 깨뜨릴 수도 없고
연못 바닥까지 내려갈 수도 없는
돌 하나

그 어떤 무게도 없는
그저 그런
돌 하나

거기까지는 내가 아름답고 쓸모없다
익히 호들갑을 떨어본 적 있는
돌 하나

돌을 주우러 골짜기에 들었을 적에
한 뼘 남짓 평평한 돌을 들어올릴 적에
돌 밑의 검은 흙이 울던 자리

내 아직 저간의 처지를 살필 수 있는
억척스러운 시인의 경지가 아닌 고로
오목하게 입을 벌린 돌의 울음자리
말을 할 때까지 쪼그리고 앉아
기다리고나 있겠다 했어요.

육십 촉 전등 아래서 삼겹살을 굽겠어요

어떻게 좋은 발문을 쓸 것인가
오래 궁리했으나
나쁜 발문을 쓸 생각은 한 번도 하지 못했어요.

한 손으로 눈을 받은 날이었어요.
시인은 손금이 눈송이를 튕겨올렸다고 썼다지만
모든 시인의 시심(詩心)이
그토록 팽팽한 스트링을 가진 건 아마도 아닐 거예요.

한 손으로 시를 펴든 날이었어요.

시인은 금방 녹아서 사라지는 것을 꿈이라고 했다지만
모든 시인의 수심(愁心)이
꽃씨를 땅에 묻고 거기 어딘지 잊는 데 있기는 할 거예요.

시인이 풀 뽑는 사람으로 사계절을 나는 동안
나는 양손에 눈과 시를 떡처럼 쥐고 있었어요.
그게 같은 줄도 모르고
그게 다르기나 한 양
치졸한 변명과 옹졸한 고민의 연속이었어요.

이러다 성질 급한 새떼처럼
북쪽에 눈이 오는지요?
눈을 퍼서 가마솥에 끓이는지요?
마당귀 그 솥 안에도 캄캄하게 눈이 오는지요?
시인의 친필이 적힌 엽서라도 당도할까
고르라면 딱 한 글자 그거 '북' 아니겠나
그와 친(親)을 가장한 내가 시들 사이사이
그의 '북'만 보이면 연필로 동그라미를 쳐두니까
헛되어서 그것도 쾌히 밤눈 같아 보였어요.

눈,
시인더러
눈이 없었으면 어쩔 셈이었냐고 묻고 싶은데

핑계라고 할까봐 말아버렸어요.

눈,
시인더러
사람이 눈을 밀어 적설량을 헤쳐나간다는 게
어쩐지 기적 같기도 한데
그렇다고 말하면 아부라고 할까봐 말아버렸어요.

시 제목만 보더라도
북천, 북문, 북촌, 북행, 북산, 북당, 북벌……
(참, 그의 시집 중 하나가 『북항』이기도 했어요.)

북,

시인더러
왜 아직도 북타령이냐고 물으니
사랑을 얻기 위해
아첨하지 않아도 되는 데가 북촌이라 하고

시인더러
왜 여전히 북타령이냐고 물으니
아는 나무보다
모르는 나무가 많아서 좋은 데가 북문이라 하고

시인더러
왜 친절한 스피커처럼 말하냐고 물으니
나는 북천에서 태어나보지 못한 사람이라 하고

시인더러
왜 북천이 거기에 있냐고 물으니
이 의미 없이 좋은 걸 북, 이라고
아무도 종이 위에 쓰지 않는 계절이라 하고.

ps.
안도현입니다
내가 생각해본 시집 제목은
'이 의미 없이 좋은'인데
몇 사람에게 물어보았더니 별로라고 하네.

안도현 1961년 경북 예천에서 태어났다. 1981년 매일신문 신춘문예에 시가 당선되어 등단했다. 시집『서울로 가는 전봉준』『모닥불』『그대에게 가고 싶다』『외롭고 높고 쓸쓸한』『그리운 여우』『바닷가 우체국』『아무것도 아닌 것에 대하여』『너에게 가려고 강을 만들었다』『간절하게 참 철없이』『북항』『능소화가 피면서 악기를 창가에 걸어둘 수 있게 되었다』등을 냈다.

문학동네시인선 244
쓸데없이 눈부신 게 세상에는 있어요
ⓒ 안도현 2025

1판 1쇄 2025년 11월 13일
1판 2쇄 2025년 11월 24일

지은이 | 안도현
책임편집 | 김봉곤
편집 | 최예림 김영수
디자인 | 수류산방(樹流山房) 본문 디자인 | 최미영
저작권 | 박지영 형소진 주은수 오서영 조경은
마케팅 | 정민호 서지화 한민아 이민경 왕지경 정유진 한경화 정경주 김혜원
　　　 김예진 이서진
브랜딩 | 함유지 박민재 이송이 박다솔 조다현 김하연 이준희
제작 | 강신은 김동욱 이순호
제작처 | 영신사

펴낸곳 | (주)문학동네
펴낸이 | 김소영
출판등록 | 1993년 10월 22일 제2003-000045호
주소 | 10881 경기도 파주시 회동길 210
전자우편 | editor@munhak.com
대표전화 | 031) 955-8888 팩스 | 031) 955-8855
문학동네카페 | http://cafe.naver.com/mhdn
인스타그램 | @munhakdongne 트위터 | @munhakdongne
북클럽문학동네 | http://bookclubmunhak.com

ISBN 979-11-416-0216-1 03810

* 이 책의 판권은 지은이와 문학동네에 있습니다. 이 책 내용의 전부 또는 일부를 재사용
  하려면 반드시 양측의 서면 동의를 받아야 합니다.

잘못된 책은 구입하신 서점에서 교환해드립니다.
기타 교환 문의: 031) 955-2661, 3580

www.munhak.com

문학동네